15 MINUTOS ESPANHOL

15 MINUTOS ESPANHOL

APRENDA O IDIOMA COM APENAS 15 MINUTOS DE PRÁTICA DIÁRIA

ANA BREMÓN

PUBLIFOLHA

www.dk.com

Título original: *15-Minute Spanish*

PUBLIFOLHA

Divisão de Publicações do Grupo Folha
Al. Barão de Limeira, 401, 6º andar,
CEP 01202-900, São Paulo, SP
Tel.: (11) 3224-2186/2187/2197
www.publifolha.com.br

Coordenação do Projeto: Publifolha
Assistência Editorial: Julia Duarte
Produção Gráfica: Soraia Pauli Scarpa

Produção Editorial: Página Viva
Consultoria: Luis Reyes Gil
Revisão: Márcio Guimarães e Claudia Morato
Editoração Eletrônica: José Rodolfo de Seixas

CD de Áudio
Masterização, Edição e Locução Masculina em Português: Fábio Arantes
Locução Feminina em Português: Gigi Trujillo

Dorling Kindersley Limited
Editor Sênior Angeles Gavira
Editora de Arte do Projeto Vanessa Marr
Designer John Goldsmid
Produção Luca Frassinetti
Gerente Editorial Liz Wheeler
Editor de Arte Philip Ormerod
Diretor Editorial Jonathan Metcalf
Diretor de Arte Bryn Walls

Imagens de Capa: *Capa* Getty Images/ Romily Lockyer; *4ª capa* Mike Good

Este curso é acompanhado por dois CDs de áudio que não podem ser vendidos separadamente.

Dados Internacionais de Catalogação na Publicação (CIP)
(Câmara Brasileira do Livro, SP, Brasil)

Bremón, Ana
Espanhol / Ana Bremón ; [traduzido por Luis Reyes Gil]. – São Paulo : Publifolha, 2005. – (15 Minutos)

Título original: 15-Minute Spanish
ISBN 978-85-7402-643-5

1. Espanhol - Estudo e ensino - Estrangeiros I. Título. II. Série.

05-6690 CDD-460.7

Índices para catálogo sistemático:

1. Espanhol para viajantes : estudo e ensino 460.7

3ª reimpressão

Este livro foi impresso em julho de 2007 pela Cromosete sobre papel couché 90g/m².

Sumário

HORNO LA SANTIAGUESA

Como usar este livro

Este livro está organizado em 12 capítulos temáticos divididos em cinco aulas de 15 minutos cada, sendo a última de revisão. Assim, em apenas 12 semanas você terá completado o curso. Na seção final, há um glossário de culinária e minidicionários Espanhol–Português e Português–Espanhol para facilitar seu aprendizado.

Treino e relógio
Cada aula começa com um treino de um minuto que o incentiva a recordar o vocabulário ou as frases aprendidas anteriormente. O relógio na barra superior, à direita, indica o tempo estimado que você deve gastar em cada exercício.

Instruções
Cada exercício é numerado e começa com instruções que explicam o que fazer. Às vezes, aparecem orientações adicionais sobre o tópico da linguagem em estudo.

Dica cultural/de linguagem
Estes quadros trazem informações complementares sobre a vida na Espanha e o uso da língua.

Estilo de texto
Diferentes estilos de texto indicam o idioma espanhol, o português e o guia de pronúncia (veja à direita).

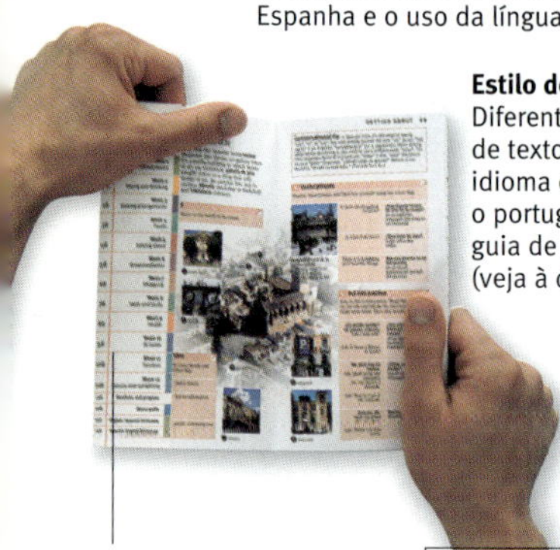

Conversação
Ao longo de todos os capítulos, diálogos ilustrados mostram o uso do vocabulário e das frases em situações do cotidiano.

Como usar a orelha
As orelhas do livro servem para cobrir o texto em espanhol para que você possa verificar se memorizou o conteúdo corretamente.

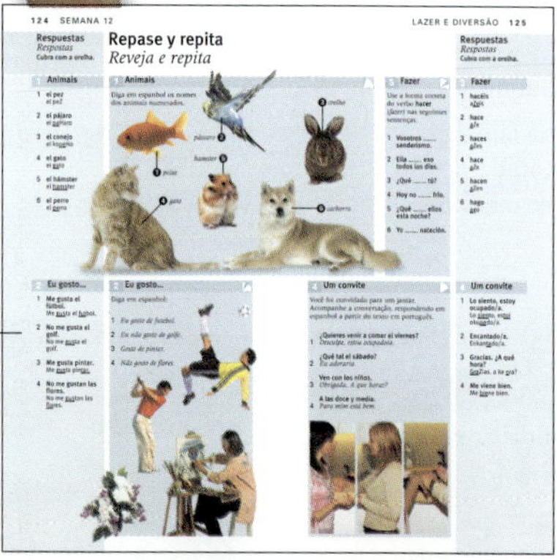

Páginas de revisão
Uma recapitulação de elementos selecionados de aulas anteriores ajuda a reforçar seu aprendizado.

Guia de pronúncia

Este livro ensina o espanhol europeu, que difere em pronúncia dos vários dialetos falados na América Latina. Alguns sons do espanhol requerem uma explicação especial:

a pronuncie o 'a' sempre aberto, como em casa

e/o pronuncie-os sempre fechados, como em cedo, todo

j antes ou após vogal, pronuncie como um 'h' aspirado – som gutural (representado por H, no texto da pronúncia)

g antes de 'e' e de 'i', pronuncie como indicado para o 'j' antes ou após vogal

z antes ou após vogal, pronuncie como 'ss' tocando a língua nos dentes de cima (representado por Z, no texto da pronúncia)

c antes de 'e' e de 'i', pronuncie como indicado para o 'z' antes ou após vogal

ch pronuncie como 'tch' em português

ll pronuncie como 'lh' em português

l em fim de sílaba, pronuncie tocando a língua no céu da boca

ñ pronuncie como 'nh' em português

r no início de palavras ou após 'l', 'n' e 's', pronuncie como 'rr' forte

s antes ou após vogal, pronuncie como 'ss' em português

v pronuncie como 'b' em português

Depois de cada palavra ou frase há uma transcrição da pronúncia, com a sílaba tônica sublinhada. Lembre-se de que a transcrição é aproximada; o melhor mesmo é ouvir os CDs de áudio e conversar com pessoas nativas.

Frases úteis
Frases selecionadas relativas ao tema o ajudam na conversação e compreensão.

COMIDA E BEBIDA 19

Frases úteis

Aprenda estas sentenças. Leia o texto em português sob as imagens e diga a frase em espanhol, como é mostrado à direita. Depois, cubra o espanhol e faça um teste.

Me pone un café.
Me pone un kafe.
Quero um café.

¿Eso es todo?
Esso es todo?
Mais alguma coisa?

Yo voy a tomar churros.
Io boi a tomar tchurros.
Gostaria de churros.

¿Cuánto es?
Kuanto es?
Quanto é?

Sí, señor.
Sí, senhor.
Sim, senhor.

Gracias. ¿Cuánto es?
GraZias. Quanto es?
Obrigado. Quanto é?

Cuatro euros, por favor.
Kuatro euros, por fabor.
Quatro euros, por favor.

Fale
Nestes exercícios você deve aplicar o que aprendeu usando vocabulário diferente.

5 Fale

O senhor tem quarto para uma pessoa?

Por seis noites.

O café da manhã está incluído?

Minidicionário
O minidicionário, de 2.500 palavras, permite a consulta rápida do espanhol para o português e do português para o espanhol.

132 MINIDICIONÁRIO

Minidicionário
Espanhol – Português

O gênero dos substantivos em espanhol listados aqui é indicado pelas abreviações "(m)" e "(f)", isto é, masculino e feminino. Substantivos plurais são seguidos pelas abreviações "(m pl)" ou "(f pl)". Os adjetivos "(adj)" variam segundo o gênero e o número da palavra que descrevem, e a forma masculina é mostrada aqui. Em geral, adjetivos terminados em -o adotam um -a final na forma feminina, e os terminados em -e usualmente ficam invariáveis. Para a forma plural, acrescenta-se um -s.

Cardápio
Use este guia para consultar termos de culinária e pratos típicos espanhóis.

128 CARDÁPIO

Cardápio

Esta é uma lista dos termos mais comuns que você vê em cardápios ou quando vai comprar comida. Se não encontrar uma frase exata, procure achar os componentes.

1 Treino

No início de cada aula aparece o treino. Ele serve para lembrá-lo do que você acabou de aprender e prepará-lo para prosseguir no novo assunto.

Hola
Olá

Na Espanha as mulheres costumam se cumprimentar com um ou dois beijos no rosto, e os homens trocam um aperto de mão, embora possam beijar ou abraçar parentes mais jovens ou amigos íntimos. Em situações formais – entre estranhos ou profissionais – o normal é um aperto de mão.

2 Memorize

Observe estes cumprimentos e leia-os em voz alta. Cubra o texto da esquerda com a orelha do livro e tente se lembrar de cada um em espanhol. Verifique suas respostas.

Buenos días. Buenos dias.	*Bom-dia.*
Me llamo Ana. Me lhamo Ana.	*Meu nome é Ana.*
Encantado/a. Enkan-tado/a.	*Prazer em conhecê-lo/a.*
Buenas tardes (noches).. Buenas tardes (notches).	*Boa-tarde (noite).*

¡Hola!
Ola
Olá!

Dica cultural Os espanhóis tratam-se por **señor** ("senhor"), **señora** ("senhora", para mulheres mais velhas) e **señorita** ("senhorita", para mulheres jovens). Use **Don** (homem) ou **Doña** (mulher) com o primeiro nome: **Don Juan, Doña Ana.**

3 Conversação: formal

Buenos días. Me llamo Concha García.
Buenos dias. me lhamo kontcha garZi-a.

Bom-dia. Meu nome é Concha García.

Señor López, encantado.
Senhor lopeZ, enkan-tado.

Sr. López, prazer em conhecê-la.

Encantada.
Enkan-tada.

Prazer em conhecê-lo.

4 Pratique

Participe deste diálogo. Leia o texto em espanhol ao lado da imagem à esquerda e, então, siga as instruções para dar sua resposta. Pratique cobrindo com a orelha do livro as respostas à direita.

Buenas tardes, señor. Buenas tardes senhor. *Boa-tarde, senhor.* *Diga: Boa-tarde, senhora.*	**Buenas tardes, señora.** Buenas tardes senhora.
Me llamo Julia. Me lhamo Hulia. *Meu nome é Julia.* *Diga: Prazer em conhecê-la.*	**Encantado.** Enkantado.

5 Frases úteis

Leia estas frases várias vezes em voz alta e tente memorizá-las. Cubra o texto em espanhol com a orelha e faça um teste.

Qual é o seu nome?	**¿Cómo se llama?** Como se lhama?
Adeus.	**Adiós.** Adios.
Obrigado.	**Gracias.** GraZias.
Até logo/ amanhã.	**Hasta pronto/mañana.** Asta pronto/ manhana.

6 Conversação: informal

Entonces, ¿hasta mañana?
EntonZes, asta manhana.

Então, até amanhã?

Sí, adiós.
Si, adios.

Sim, adeus.

Adiós. Hasta pronto.
Adios. asta pronto.

Adeus. Até logo.

1 Treino

Diga "olá" e "até logo" em espanhol. (págs. 8–9)

Agora diga "Meu nome é...". (págs. 8–9)

Diga "senhor" e "senhora". (págs. 8–9)

Las relaciones
Parentes

Os equivalentes de *mamãe* e *papai* em espanhol são **mamá** e **papá**. O plural masculino pode se referir a ambos os sexos, por exemplo – **niños** (*meninos* e *menina e menino*), **padres** (*pais* e *mãe e pai*), **abuelos** (*avôs* e *avó e avô*), **tíos** (*tios* e *tia e tio*), **hermanos** (*irmãos* e *irmã e irmão*) e assim por diante.

2 Associe e repita

Olhe para as pessoas desta cena e associe o número de cada uma com a lista ao lado. Leia em voz alta as palavras em espanhol. Depois, cubra a lista com a orelha do livro e faça um teste.

1 **la hermana**
la ermana

2 **el abuelo**
el abuelo

3 **el padre**
el padre

4 **el hermano**
el ermano

5 **la abuela**
la abuela

6 **la hija**
la iHa

7 **la madre**
la madre

8 **el hijo**
el iHo

Dica de linguagem Em espanhol, coisas e pessoas são do gênero masculino ou feminino – por exemplo, "vinho" é masculino (**el vino**) e "leite" é feminino (**la leche**). Use **los** e **las** para os plurais masculino e feminino. Para "um/uma", use **un** para o masculino e **una** para o feminino.

3 Memorize: parentes

Aprenda estas palavras. Leia-as várias vezes em voz alta e procure decorá-las. Cubra o texto em espanhol com a orelha do livro e, então, faça um teste.

el marido
el marido
marido

la mujer
la muHer
mulher

Estoy casado/a.
Estoi kasado/a
Sou casado/a.

sogro/sogra	**el suegro/la suegra** el suegro/la suegra
padrasto	**el padrastro** el padrastro
madrasta	**la madrastra** la madrastra
filhos/filhas	**los niños/las niñas** los ninhos/las ninhas
tio/tia	**el tío/la tía** el tio/la tia
primo/prima	**el primo/la prima** el primo/la prima
Tenho quatro filhos.	**Tengo cuatro niños.** Tengo kuatro ninhos.
Tenho duas enteadas e um enteado.	**Tengo dos hijastras y un hijastro.** Tengo dos iHastras i un iHastro.

4 Memorize: números

Decore estas palavras e depois faça um teste usando a orelha do livro.

Tenha cuidado ao usar o número um. Quando se emprega **uno** diante de uma palavra, ele muda para **un** ou **una**, dependendo de a palavra ser masculina ou feminina. Por exemplo: **Tengo un hijo** (*Tenho um filho*), **Tengo una hija** (*Tenho uma filha*).

um	**uno/a** uno/a
dois	**dos** dos
três	**tres** tres
quatro	**cuatro** kuatro
cinco	**cinco** Zinko
seis	**seis** seis
sete	**siete** siete
oito	**ocho** otcho
nove	**nueve** nuebe
dez	**diez** dieZ

5 Fale

Eu tenho cinco filhos.

Eu tenho três irmãs e um irmão.

Eu tenho dois filhos.

1 Treino

Diga, em espanhol, todos os membros de uma família de que puder se lembrar. (págs. 10–1)

Diga “Eu tenho dois filhos”. (págs. 10–1)

Mi familia
Minha família

Há duas maneiras de dizer *você (tu)* em espanhol: **usted** para situações formais e **tú** para informais. Existe também um modo formal de dizer *seu/sua* – **su** (singular) e **sus** (plural): **usted y su mujer** (*o senhor e sua mulher*), **¿Son ésos sus hijos?** (*Estes são seus filhos?*). **Su** e **sus** também significam *dele* e *dela*.

2 Memorize

Diga estas palavras em voz alta algumas vezes. Cubra o texto em espanhol e tente se lembrar da palavra em espanhol de cada item.

mi mi	*meu, minha*
mis mis	*meus, minhas*
tu tu	*teu, tua (informal)*
tus tus	*teus, tuas (informal)*
su su	*seu, sua (formal)*
sus sus	*seus, suas (formal)*
su su	*dele, dela*
sus sus	*deles, delas*

Éstos son mis padres.
Estos son mis padres.
Estes são meus pais.

3 Conversação: formal

¿Tiene usted niños?
Tiene usted ninhos?

O senhor tem filhos?

Sí, tengo dos hijas.
Si, tengo dos iHas.

Sim, tenho duas filhas.

Éstas son mis hijas. ¿Y usted?
Estas son mis iHas. i usted?

Estas são minhas filhas. E a senhora?

Dica de linguagem Em espanhol, faz-se uma pergunta simplesmente elevando a entonação no final da frase: **¿Quieres un poco de vino?** ("Quer um pouco de vinho?"). Observe o ponto de interrogação invertido (¿) escrito no início da pergunta. Você também vai ver um ponto de exclamação invertido, como em **¡Hola!** ("Olá!").

4 Frases úteis

Leia estas frases várias vezes em voz alta e tente memorizá-las. Cubra o texto em espanhol com a orelha e faça um teste.

O senhor tem irmãos? (formal)

¿Tiene usted hermanos?
Tiene usted ermanos?

Você tem irmãos? (informal)

¿Tienes hermanos?
Tienes ermanos?

Este é meu marido.

Éste es mi marido.
Este es mi marido.

Esta é minha mulher.

Ésa es mi mujer.
Essa es mi muHer.

Esta é sua irmã? (formal)

¿Es ésa su hermana?
Es essa su ermana?

Esta é sua irmã? (informal)

¿Es ésa tu hermana?
Es essa tu ermana?

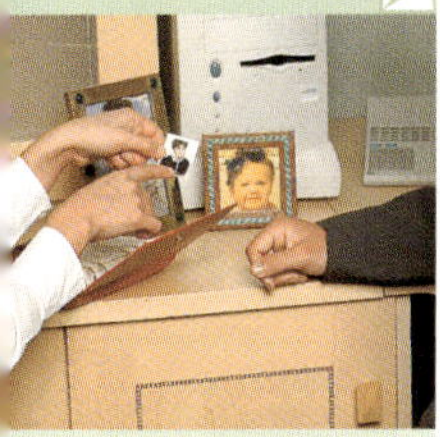

No, pero tengo un hijastro.
No, pero tengo un iHastro.

Não, mas tenho um enteado.

5 Fale

O senhor tem irmãos e irmãs? (formal)

Você tem filhos? (informal)

Eu tenho duas irmãs.

Esta é minha mulher, María.

1 Treino

Diga "Até logo". (págs. 8–9)

Diga "Sou casado" (págs. 10–1) e "Esta é minha mulher". (págs. 12–3)

Ser y tener

Ser e ter

Dois dos verbos mais importantes são **ser** (*ser*) e **tener** (*ter*). Observe que há diferentes maneiras de dizer *tu*, *nós* e *eles*, com as formas singular e plural, masculina e feminina, formal e informal. Quando o sentido está claro, os pronomes (*eu, tu* etc.) são omitidos.

2 Ser: ser

Familiarize-se com o verbo **ser** (*ser*). Quando se sentir confiante, pratique as frases de exemplo apresentadas abaixo. O verbo **estar** (*estar*) é analisado na página 49.

yo soy io soi	*eu sou*
tú eres tu eres	*tu és (informal)*
usted es usted es	*tu és (formal)*
él/ella es el/elha es	*ele/ela é*
nosotros/as somos nossotros/as somos	*nós somos*
vosotros/as sois bossotros/as sois	*vós sois (informal)*
ustedes son ustedes son	*vós sois (formal)*
ellos/as son elhos/as son	*eles/elas são*

Yo soy inglesa.
Io soi inglessa.
Eu sou inglesa.

¿De dónde es usted? De donde es usted?	*De onde é o senhor?*
Es mi hermana. Es mi ermana.	*(Ela) é minha irmã.*
Somos españoles. Somos espanholes.	*(Nós) somos espanhóis.*

3 Tener: ter

Pratique **tener** (*ter*) e as frases de exemplo; depois, faça um teste.

¿Tiene rosas rojas?
Tiene rossas roHas?
Tem rosas vermelhas?

eu tenho	**yo tengo** io tengo
tu tens (informal)	**tú tienes** tu tienes
tu tens (formal)	**usted tiene** usted tiene
ele/ela tem	**él/ella tiene** el/elha tiene
nós temos	**nosotros/as tenemos** nossotros/as tenemos
vós tendes (informal)	**vosotros/as teneis** bossotros/as teneis
vós tendes (formal)	**ustedes tienen** ustedes tienen
eles/elas têm	**ellos/as tienen** elhos/as tienen

Ele tem uma reunião.	**Tiene una reunión.** Tiene una reunion.

O senhor tem um celular?	**¿Tiene usted móvil?** Tiene usted mobil?

Quantos irmãos o senhor tem?	**¿Cuántos hermanos tiene usted?** Kuantos ermanos tiene usted?

4 Frases negativas

É fácil montar uma frase negativa em espanhol; basta pôr **no** antes do verbo: **No somos americanos** (Não somos americanos.).

la bicicleta
la biZikleta
bicicleta

No tengo coche.
No tengo kotche.
Não tenho carro.

(Eu) não sou espanhol.	**No soy español.** No soi espanhol.
(Ele) não é vegetariano.	**No es vegetariano.** No es beHetariano.
(Nós) não temos filhos.	**No tenemos niños.** No tenemos ninhos.

Respuestas
Respostas
Cubra com a orelha.

1 Quantos?

1 **tres**
tres

2 **nueve**
nuebe

3 **cuatro**
kuatro

4 **dos**
dos

5 **ocho**
otcho

6 **diez**
dieZ

7 **cinco**
Zinko

8 **siete**
siete

9 **seis**
seis

2 Olá

1 **Buenos días. Me llamo... [diga seu nome].**
Buenos dias. Me lhamo...

2 **Encantado/a.**
Enkan-tado/a.

3 **Sí, y tengo dos hijos. ¿Y usted?**
Si, i tengo dos iHos. I usted?

4 **Adiós. Hasta mañana.**
Adios. Asta manhana.

Repase y repita
Reveja e repita

1 Quantos?

Cubra as respostas com a orelha. Então, diga os números em espanhol em voz alta. Veja se memorizou os números corretamente.

2 Olá

Você está conversando com alguém que acabou de conhecer. Participe do diálogo, respondendo em espanhol, seguindo o texto em português.

Buenos días. Me llamo María.
1 *Responda ao cumprimento e diga seu nome.*

Éste es mi marido, Juan.
2 *Diga "Prazer em conhecê-lo/a".*

¿Está usted casado/a?
3 *Diga "Sim, e tenho dois filhos. E o senhor (a senhora)?"*

Nosotros tenemos tres hijos.
4 *Diga "Adeus. Até amanhã".*

Respuestas
Respostas
Cubra com a orelha.

3 Ter ou ser

Preencha as lacunas com a forma correta de **tener** (*ter*) ou **ser** (*ser*). Verifique se usou corretamente os termos em espanhol.

1 **Yo ____ inglesa.**

2 **Nosotros ____ cuatro niños.**

3 **Yo no ____ feliz.**

4 **¿ ____ coche? (Tú)**

5 **Él ____ mi marido.**

6 **Yo no ____ teléfono móvil.**

7 **Tú no ____ español.**

8 **¿ ____ usted hijos?**

3 Ter ou ser

1 **soy**
soi

2 **tenemos**
tenemos

3 **soy**
soi

4 **tienes**
tienes

5 **es**
es

6 **tengo**
tengo

7 **eres**
eres

8 **tiene**
tiene

4 Família

Diga em espanhol o nome de cada membro da família numerado a seguir. Verifique se usou os termos corretamente.

4 Família

1 **la hermana**
la ermana

2 **el abuelo**
el abuelo

3 **el padre**
el padre

4 **el hermano**
el ermano

5 **la abuela**
la abuela

6 **la hija**
la iHa

7 **la madre**
la madre

8 **el hijo**
el iHo

1 Treino

Conte até dez. (págs. 10–1)

Lembre-se de como se diz "olá" e "até logo". (págs. 8–9)

Pergunte "Você tem filhos?" (págs. 14–5)

En la cafetería
Na cafeteria

Em uma cafeteria da Espanha você encontra pão e outras coisas para o café da manhã. Um lanche típico espanhol são os **churros** (cilindros de massa fritos). Você pode se sentar no balcão ou ser servido à mesa. É comum dar gorjeta ao garçom, mas em geral bastam algumas moedas.

2 Memorize

Familiarize-se com estas palavras.

el té con limón el te kon limon	*chá com limão*
el café descafeinado el kafe deskafeinado	*café descafeinado*
el cortado el kortado	*pingado (café com um pouquinho de leite)*
la mermelada la mermelada	*geléia*
la tostada con mantequilla la tostada kon mantekilha	*torrada com manteiga*

Dica cultural O padrão é uma xícara pequena de café preto; se desejar algo diferente, deve especificar. Se quiser tomar chá com leite, peça **té con leche**. Se você pedir apenas "chá", é provável que lhe sirvam chá com limão.

3 Conversação

Buenos días. Me pone un café con leche.
Buenos dias. Me pone un kafe kon letche.

Bom-dia. Eu quero um café com leite.

¿Eso es todo?
Esso es todo?

Mais alguma coisa?

¿Tiene churros?
Tiene tchurros?

Você tem churros?

los churros
los tchurros
churros

el azúcar
el aZukar
açúcar

el café con leche
el kafe kon letche
café com leite

4 Frases úteis

Aprenda estas sentenças. Leia o texto em português sob as imagens e diga a frase em espanhol, como é mostrado à direita. Depois, cubra o espanhol e faça um teste.

Quero um café.

Me pone un café.
Me pone un kafe.

Mais alguma coisa?

¿Eso es todo?
Esso es todo?

Gostaria de churros.

Yo voy a tomar churros.
Io boi a tomar tchurros.

Quanto é?

¿Cuánto es?
Kuanto es?

Sí, señor.
Si, senhor.

Sim, senhor.

Gracias. ¿Cuánto es?
GraZias. Quanto es?

Obrigado. Quanto é?

Cuatro euros, por favor.
Kuatro euros, por fabor.

Quatro euros, por favor.

1 Treino

Pergunte “Quanto é?” (págs. 18–9)

Diga “Eu não tenho irmãos”. (págs. 14–5)

Pergunte “Você tem churros?” (págs. 18–9)

En el restaurante
No restaurante

Há grande variedade de locais de alimentação na Espanha. Em um **bar** ou **tasca** você encontra **tapas** (aperitivos/petiscos). A principal refeição do dia é o almoço, mas se você não está faminto, muitos restaurantes servem tapas no balcão, que em geral são uma opção barata para uma refeição leve.

2 Memorize

Decore estas palavras. Cubra o texto em espanhol com a orelha e faça um teste.

la carta la karta	*cardápio*
la carta de vinos la karta de binos	*carta de vinhos*
los entrantes los entrantes	*entradas*
el plato principal el plato prinZipal	*prato principal*
los postres los postres	*sobremesas*
el desayuno el desaiuno	*café da manhã*
el almuerzo el almuerZo	*almoço*
la cena la Zena	*jantar*

3 Conversação

Hola. Una mesa para cuatro, por favor.
Ola. Una mesa para kuatro, por fabor.

Olá. Uma mesa para quatro, por favor.

¿Tiene una reserva?
Tiene una reserba?

Fez reserva?

Sí, a nombre de Cortés.
Si, a nombre de kortes.

Sim, em nome de Cortés.

4 Associe e repita

Examine os objetos numerados sobre esta mesa e associe-os com os itens da lista de vocabulário ao lado. Leia as palavras em espanhol em voz alta. Depois, cubra a lista com a orelha e faça um teste.

1 **la copa**
la kopa

2 **la servilleta**
la serbilheta

3 **el plato**
el plato

4 **el tenedor**
el tenedor

5 **la cuchara**
la kuchara

6 **el cuchillo**
el kutchilho

7 **la taza**
la taZa

8 **el platillo**
el platilho

5 Frases úteis

Aprenda estas frases e então faça um teste, usando a orelha para cobrir o espanhol.

O que tem de sobremesa?	**¿Qué tiene de postre?** Ke tiene de postre.
A conta, por favor.	**La cuenta, por favor.** La kuenta, por fabor.

¿Fumadores o no fumadores?
Fumadores o no fumadores?

Fumantes ou não-fumantes?

No fumadores, por favor.
No fumadores, por fabor.

Não-fumantes, por favor.

Síganme, por favor.
Sigan-me, por fabor.

Sigam-me, por favor.

1 Treino

Como se diz "café da manhã", "almoço" e "jantar" em espanhol? (págs. 20–1)

Diga "eu", "tu" (informal), "ele", "ela", "nós", "vós" (formal), "eles", "elas". (págs. 14–5)

Querer
Querer

Querer (*querer*) é um verbo essencial para as conversas do dia-a-dia. Existe também uma forma polida: **quisiera** (*gostaria*). Use-a quando for pedir algo, porque **quiero** (*quero*) talvez soe um pouco rude: **¿Qué quiere beber?** (*O que quer beber?*); **Quisiera una cerveza** (*Gostaria de uma cerveja*).

2 Querer: querer

Diga as diferentes formas do verbo **querer** (*querer*) em voz alta. Cubra o texto com a orelha do livro e faça um teste. Quando se sentir confiante, treine com as frases de exemplo a seguir.

yo quiero io kiero	*eu quero*
tú quieres/usted quiere tu kieres/usted kiere	*você quer/tu queres (informal/formal)*
él/ella quiere el/elha kiere	*ele/ela quer*
nosotros/as queremos nossotros/as keremos	*nós queremos*
vosotros/as queréis/ ustedes quieren bossotros/as kereis/ ustedes kieren	*vocês querem/ vós quereis (informal/ formal)*
ellos/as quieren elhos/as kieren	*eles/elas querem*
¿Quieres vino? Kieres bino?	*Quer vinho?*
Quiere un coche nuevo. Kiere un kotche nuebo.	*(Ele/Ela) quer um carro novo.*

Quiero caramelos.
Kiero karamelos.
Quero balas.

Dica de conversação Talvez lhe pareça grosseiro, mas os espanhóis não dizem "por favor" (**por favor**) ou "obrigado" (**gracias**) com freqüência e raramente falam "com licença" (**perdón**) ou "desculpe-me" (**lo siento**), mas usam o tom da voz e a escolha de palavras para indicar cortesia, como em **quisiera** ("gostaria") em vez de **quiero** ("quero").

3 Pedidos formais

Pratique as seguintes frases de exemplo que usam **quisiera** (*gostaria*), a forma de **quiero** (*quero*) usada para pedidos formais.

Gostaria de uma cerveja.

Quisiera una cerveza.
Kissiera una ZerbeZa.

Gostaria de uma mesa para esta noite.

Quisiera una mesa para esta noche.
Kissiera una messa para esta notche.

Gostaria de ver o cardápio, por favor.

Quisiera ver la carta, por favor.
Kissiera ber la karta, por fabor.

4 Pratique

Participe deste diálogo. Leia o texto em espanhol ao lado das imagens e siga as instruções para dar sua resposta. Depois, faça um teste cobrindo as respostas com a orelha do livro.

Buenas tardes, señor. ¿Tiene una reserva?
Buenas tardes, senhor. Tiene una resserba?
Boa-tarde, senhor. Tem uma reserva?

Diga: Não, mas gostaria de uma mesa para três.

No, pero quisiera una mesa para tres.
No, pero kissiera una messa para tres.

Muy bien. ¿Qué mesa le gustaría?
Mui bien. Ke messa le gustaria?
Muito bem. Gostaria de qual mesa?

Diga: Perto da janela, por favor.

Cerca de la ventana, por favor.
Zerka de la bentana, por fabor.

1 Treino

Diga "Nós não temos filhos". (págs. 14–5)

Pergunte "Você tem churros?" (págs. 18–9)

Diga "Eu quero um café com leite". (págs. 18–9)

Los platos
Pratos

A Espanha oferece ampla variedade de pratos regionais. Em comidas típicas, alho e azeite de oliva em abundância são ingredientes comuns. Nem todos os restaurantes possuem cardápio vegetariano, porém muitos pratos espanhóis tradicionais não contêm carne. Informe-se com o garçom.

Dica cultural Na hora do almoço, você vai encontrar muitos restaurantes que oferecem **el menú del día** ("cardápio do dia"). Em geral é uma refeição de três pratos, com bebida e pão incluídos no preço.

2 Associe e repita

Associe os itens numerados às palavras da foto em português.

1 **las verduras**
las berduras

2 **la fruta**
la fruta

3 **el queso**
el kesso

4 **los frutos secos**
los frutos sekos

5 **la sopa**
la sopa

6 **las aves**
las abes

7 **el pescado**
el peskado

8 **la pasta**
la pasta

9 **el marisco**
el marisko

10 **la carne**
la karne

3 Memorize: termos culinários

A palavra geralmente concorda com o gênero do item descrito.

Quisiera mi filete bien hecho.
Kissiera mi filete bien etcho.
Gostaria do meu filé bem-passado.

frito/a	**frito/a** frito/a
grelhado/a	**a la plancha** a la plantcha
assado/a	**asado/a** assado/a
fervido/a	**hervido/a** erbido/a
ao vapor	**al vapor** al bapor
malpassado/a	**poco hecho/a** poko etcho/a

6 Fale

O que é "tortilla"?

Sou alérgico/a a frutos do mar.

Gostaria de uma cerveja.

4 Memorize: bebidas

Decore estas palavras.

água	**el agua** el agua
água com gás	**el agua con gas** el agua kon gas
água sem gás	**el agua sin gas** el agua sin gas
vinho	**el vino** el bino
cerveja	**la cerveza** la ZerbeZa
suco de frutas	**el zumo** el Zumo

5 Frases úteis

Aprenda estas frases e depois faça um teste.

Sou vegetariano/a.	**Soy vegetariano/a.** Soi beHetariano/a.
Sou alérgico/a a frutas secas.	**Soy alérgico/a a los frutos secos.** Soi alerHiko/a a los frutos sekos.
O que é "conejo"?	**¿Qué es "conejo"?** Ke es koneHo?

Respuestas
Respostas
Cubra com a orelha.

1 Qual comida?

1 **los frutos secos**
los frutos sekos

2 **el marisco**
el marisko

3 **la carne**
la karne

4 **el azúcar**
el aZukar

5 **la copa**
la kopa

2 Esta é...

1 **Ésta es mi mujer.**
Esta es mi muHer.

2 **Aquí están sus hijas.**
Aki estan sus iHas.

3 **Su mesa es de no fumadores.**
Su messa es de no fumadores.

3 Gostaria...

1 **Quisiera un café.**
Kissiera un kafe.

2 **Quisiera churros.**
Kissiera churros.

3 **Quisiera azúcar.**
Kissiera aZukar.

4 **Quisiera un café con leche.**
Kissiera un kafe kon letche.

Repase y repita
Reveja e repita

1 Qual comida?

Diga o nome dos itens numerados.

2 Esta é...

Diga estas frases em espanhol. Use **mi(s)**, **tu(us)** ou **su(s)**.

1 *Esta é minha mulher.*

2 *Aqui estão suas filhas.*

3 *Sua mesa é de não-fumantes.*

3 Gostaria...

Diga "Gostaria de" para:

4 Restaurante

Você chegou a um restaurante. Participe deste diálogo, falando em espanhol as frases indicadas a seguir.

Buenas tardes señora, señor.
1 *Peça uma mesa para seis.*

¿Fumadores o no fumadores?
2 *Diga: não-fumantes.*

Síganme, por favor.
3 *Peça o cardápio.*

¿Quiere la carta de vinos?
4 *Diga: Não. Água com gás, por favor.*

Muy bien.
5 *Diga que você não tem taça.*

Respuestas
Respostas
Cubra com a orelha.

1 Qual comida?

6 **la pasta**
la pasta

7 **el cuchillo**
el kutchilho

8 **el queso**
el kesso

9 **la servilleta**
la serbilheta

10 **la cerveza**
la ZerbeZa

4 Restaurante

1 **Buenas tardes, quisiera una mesa para seis.**
Buenas tardes, kissiera una messa para seis.

2 **No fumadores.**
No fumadores.

3 **La carta, por favor.**
La karta, por fabor.

4 **No. Agua con gas, por favor.**
No. Agua kon gas, por fabor.

5 **No tengo copa.**
No tengo kopa.

1 Treino

Diga “ele é” e “eles são”. (págs. 14–5)

Diga “ele não é” e “eles não são”. (págs. 14–5)

Como se diz em espanhol “as crianças”? (págs. 10–1)

Los días y los meses

Dias e meses

Em espanhol, os dias da semana (**los días de la semana**) e os meses (**los meses**) são escritos em letra minúscula. Com os meses usa-se **en**: **en abril** (*em abril*), mas com os dias usa-se **el** ou **los**: **el/los lunes** (à/*na segunda-feira*).

2 Memorize: dias da semana

Decore estas palavras, cubra-as com a orelha do livro e faça um teste.

lunes lunes	*segunda-feira*
martes martes	*terça-feira*
miércoles mierkoles	*quarta-feira*
jueves Huebes	*quinta-feira*
viernes biernes	*sexta-feira*
sábado sabado	*sábado*
domingo domingo	*domingo*
hoy oi	*hoje*
mañana manhana	*amanhã*
ayer aier	*ontem*

Nos reunimos mañana.
Nos reunimos manhana.
Nos reunimos amanhã.

Tengo una reserva para hoy.
Tengo una reserba para oi.
Tenho uma reserva para hoje.

3 Frases úteis: dias

Aprenda estas frases e depois faça um teste, usando a orelha do livro.

La reunión no es el martes. La reunion no es el martes.	*A reunião não é na terça-feira.*
Trabajo los domingos. TrabaHo los domingos.	*Trabalho aos domingos.*

4 Memorize: meses

Decore estas palavras, cubra-as com a orelha do livro e faça um teste.

Nuestro aniversario es en julio.
Nuestro anibersario es en Hulio.
Nosso aniversário é em julho.

Navidad es en diciembre.
Nabidad es en diZiembre.
O Natal é em dezembro.

janeiro	**enero** enero
fevereiro	**febrero** febrero
março	**marzo** marZo
abril	**abril** abril
maio	**mayo** maio
junho	**junio** Hunio
julho	**julio** Hulio
agosto	**agosto** agosto
setembro	**septiembre** septiembre
outubro	**octubre** oktubre
novembro	**noviembre** nobiembre
dezembro	**diciembre** diZiembre
mês	**el mes** el mes
ano	**el año** el anho

5 Frases úteis: meses

Aprenda estas frases e depois faça um teste, usando a orelha do livro.

Meus filhos estão de férias em agosto.

Mis hijos están de vacaciones en agosto.
Mis iHos estan de bakaZiones en agosto.

Meu aniversário é em junho.

Mi cumpleaños es en junio.
Mi kumpleanhos es en Hunio.

1 Treino

Conte em espanhol de 1 a 10. (págs. 10–1)

Diga "Tenho uma reserva". (págs. 20–1)

Diga "A reunião é na quarta-feira". (págs. 28–9)

La hora y los números

Hora e números

A hora é precedida por **la** como em **la una** (*uma hora*) e **las** para os outros números: **las dos**, **las tres** etc. Em português os minutos vêm primeiro, mas em espanhol a hora vem antes: **las cinco menos diez** (*dez para as cinco*).

2 Memorize: hora

Decore como se diz a hora em espanhol.

la una la una	*uma hora*
la una y cinco la una i Zinko	*uma e cinco*
la una y cuarto la una i kuarto	*uma e quinze*
la una y media la una i media	*uma e meia*
la una y veinte la una i beinte	*uma e vinte*
las dos menos cuarto las dos menos kuarto	*quinze para as duas/ uma e quarenta e cinco*
las dos menos diez las dos menos dieZ	*dez para as duas/ uma e cinqüenta*

3 Frases úteis

Aprenda estas frases e depois faça um teste, usando a orelha do livro.

¿Qué hora es? Ke ora es?	*Que horas são?*
¿A qué hora quiere el desayuno? A ke ora kiere el desaiuno?	*A que hora quer o café da manhã?*
La reunión es a mediodía. La reunion es a mediodia.	*A reunião é ao meio-dia.*

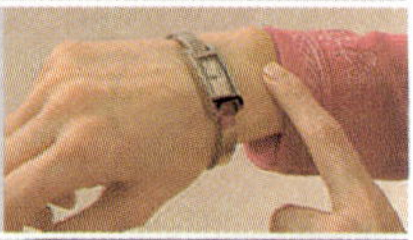

4 Memorize: números maiores

Para dizer 21, use **veinti** e acrescente **uno** (*um*): **veintiuno**. Os números seguintes são criados do mesmo modo – por exemplo, **veintidós** (22), **veintitrés** (23) etc. Após o 30, junte os números com **y** (*e*): **treinta y uno** (31), **cuarenta y cinco** (45), **sesenta y seis** (66).

Note as formas especiais de 500, 700 e 900: **quinientos**, **setecientos** e **novecientos**.

onze	**once**	onZe
doze	**doce**	doZe
treze	**trece**	treZe
quatorze	**catorce**	katorZe
quinze	**quince**	kinZe
dezesseis	**dieciséis**	dieZisseis
dezessete	**diecisiete**	dieZissiete
dezoito	**dieciocho**	dieZiotcho
dezenove	**diecinueve**	dieZinuebe
vinte	**veinte**	beinte
trinta	**treinta**	treinta
quarenta	**cuarenta**	kuarenta
cinqüenta	**cincuenta**	Zinkuenta
sessenta	**sesenta**	sessenta
setenta	**setenta**	setenta
oitenta	**ochenta**	otchenta
noventa	**noventa**	nobenta
cem	**cien**	Zien
duzentos	**doscientos**	dosZientos
quinhentos	**quinientos**	kinientos
mil	**mil**	mil
dois mil	**dos mil**	dos mil
um milhão	**un millón**	un milhon

Quiero el autobús cincuenta y tres.
Kiero el autobus Zinkuenta i tres.
Quero o ônibus cinqüenta e três.

5 Fale

25

68

84

91

cinco para as dez.

onze e meia.

A que horas é o almoço?

1 Treino

Diga os dias da semana. (págs. 28–9)

Diga "três horas". (págs. 30–1)

Como se diz em espanhol "hoje", "amanhã" e "ontem"? (págs. 28–9)

Las citas
Compromissos

Na Espanha em geral os negócios são conduzidos de maneira mais formal do que em outros países europeus. Os espanhóis também costumam sair na hora do almoço para fazer a refeição. Lembre-se de usar os modos formais de "tu" (**usted**, **ustedes**) em situações de trabalho.

2 Frases úteis

Aprenda estas frases e depois faça um teste.

¿Nos reunimos mañana? Nos reunimos manhana?	*Nos encontramos amanhã?*
¿Con quién? Kon kien?	*Com quem?*
¿Cuándo está libre? Kuando esta libre?	*Quando está livre?*
Lo siento, estoy ocupado/a. Lo siento, estoi okupado/a.	*Desculpe, estou ocupado/a.*
¿Qué tal el jueves? Ke tal el Huebes?	*Que tal quinta-feira?*
A mí me va bien. A mi me ba bien.	*Por mim está bem.*

el apretón de manos
el apreton de manos
aperto de mãos

Bienvenido.
bienvenido
Bem-vindo.

3 Conversação

Buenos días. Tengo una cita.
Buenos dias. Tengo una Zita.

Bom-dia. Tenho hora marcada.

¿Con quién es la cita?
Kon kien es la Zita?

Com quem é a hora marcada?

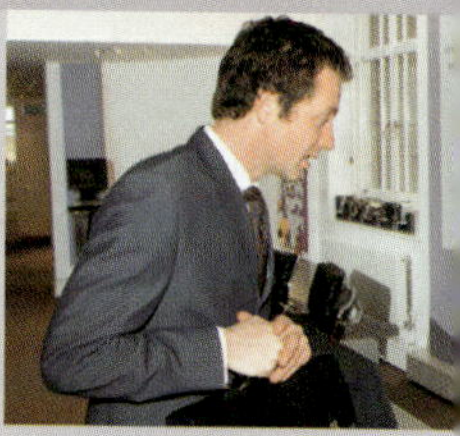

Con el Señor Montoya.
Kon el senhor montoia.

Com o Sr. Montoya.

4 Pratique

Participe deste diálogo. Leia o texto em espanhol ao lado da imagem e, então, siga as instruções para dar sua resposta. Pratique cobrindo com a orelha do livro as respostas à direita.

¿Nos reunimos el jueves?
Nos reunimos el Huebes?
Nos encontramos na quinta-feira?

Diga: Desculpe, estou ocupado/a.

Lo siento, estoy ocupado.
Lo siento, estoi okupado.

¿Cuándo está libre?
Kuando esta libre?
Quando está livre?

Diga: Terça-feira à tarde.

El martes por la tarde.
El martes por la tarde.

A mí me va bien.
A mi me ba bien.
Por mim está bem.

Pergunte: A que horas?

¿A qué hora?
A ke ora?

A las cuatro, si a usted le va bien.
A las kuatro, si a usted le ba bien.
Às quatro, se estiver bom para você.

Diga: Sim, está bom para mim.

Sí, me va bien.
Si, me ba bien.

Muy bien. ¿A qué hora?
Mui bien. A ke ora?

Muito bem. A que horas?

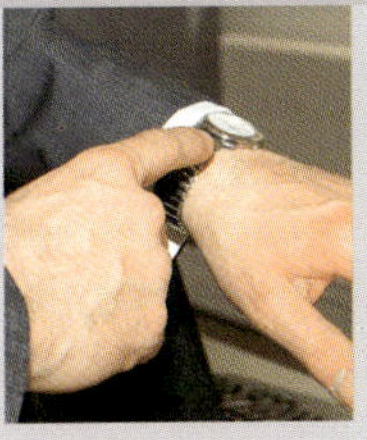

A las tres, pero llego un poco tarde.
A las tres, pero lhego un poko tarde,

Às três, mas estou um pouco atrasado.

No se preocupe. Tome asiento, por favor.
No se preokupe. Tome assiento, por fabor.

Não se preocupe. Sente-se, por favor.

1 Treino

Diga "Desculpe-me". (págs. 32–3)

Como se diz "Tenho uma reunião". (págs. 32–3)

Como se diz "quando?" em espanhol? (págs. 32–3)

Por teléfono
Por telefone

O número de emergência da polícia, ambulância ou corpo de bombeiros é 112. Para auxílio à lista, disque 11888. Use os cartões telefônicos em telefones públicos ou particulares (basta discar um código). Disponíveis em bancas e tabacarias, são uma forma barata de ligar para o exterior.

2 Associe e repita

Associe os objetos numerados aos itens da lista à esquerda e depois faça um teste.

1 **el cargador**
el kargador

2 **el contestador automático**
el kontestador automatiko

3 **la tarjeta telefónica**
la tarHeta telefonika

4 **el móvil**
el mobil

5 **los auriculares**
los aurikulares

3 Conversação

Dígame, Susana Castillo al habla.
Digame, susana kastilho al abla.

Alô. Aqui é Susana Castillo.

Buenos días. Quisiera hablar con Julián López, por favor.
Buenos dias. Kissiera ablar kon Hulian lopeZ, por fabor.

Bom-dia. Gostaria de falar com Julián López, por favor.

¿De parte de quién?
De parte de kien?

Quem gostaria?

4 Frases úteis

Aprenda estas frases e depois faça um teste, usando a orelha do livro.

Gostaria de uma linha externa.

Quisiera una línea externa.
Kissiera una linea externa.

Quiero llamar a cobro revertido.
Kiero lhamar a kobro rebertido.
Quero fazer uma chamada a cobrar.

Gostaria de falar com María Alfaro.

Quisiera hablar con María Alfaro.
Kissiera ablar kon maria alfaro.

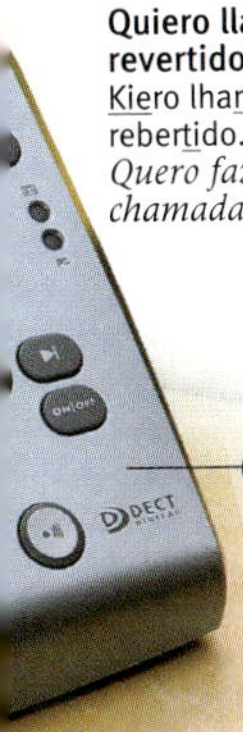

❷ *secretária eletrônica*

Posso deixar um recado?

¿Puedo dejar un mensaje?
Puedo deHar un mensaHe?

5 Fale

Gostaria de falar com o Sr. Girona.

Posso deixar um recado para Antonio?

Desculpe-me, disquei o número errado.

Perdone, me he equivocado de número.
Perdone, me e ekibokado de numero.

José Ortega, de Imprentas Lacuesta.
Hose ortega, de imprentas lakuesta.

José Ortega, da Gráfica Lacuesta.

Lo siento. La línea está comunicando.
Lo siento. La linea esta komunikando.

Sinto muito. A linha está ocupada.

¿Le puede decir que me llame, por favor?
Le puede deZir ke me lhame, por fabor.

Poderia pedir-lhe para me ligar, por favor?

Respuestas
Respostas
Cubra com a orelha.

1 Somas

1 **dieciséis**
dieZisseis

2 **treinta y nueve**
treinta i
nuebe

3 **cincuenta y tres**
Zinkuenta i tres

4 **setenta y cuatro**
setenta i kuatro

5 **noventa y nueve**
nobenta i nuebe

2 Quero...

1 **Quiere**
kiere

2 **quiere**
kiere

3 **queremos**
keremos

4 **quieres**
kieres

5 **quieren**
kieren

6 **quiero**
kiero

Repase y repita
Reveja e repita

1 Somas

Dê as respostas destas somas em espanhol, em voz alta. Depois veja se falou os números corretamente.

1 *10 + 6 = ?*

2 *14 + 25 = ?*

3 *66 – 13 = ?*

4 *40 + 34 = ?*

5 *90 + 9 = ?*

3 Telefones

Qual é o nome, em espanh destes itens numerados?

2 Quero...

Preencha os espaços com a forma correta de querer (*querer*).

1 **¿ ____ usted un café?**

2 **Ella ____ ir de vacaciones.**

3 **Nosotros ____ una mesa para tres.**

4 **Tú ____ una cerveza.**

5 **Ellos ____ una mesa para dos.**

6 **Yo ____ caramelos.**

Respuestas
Respostas
Cubra com a orelha.

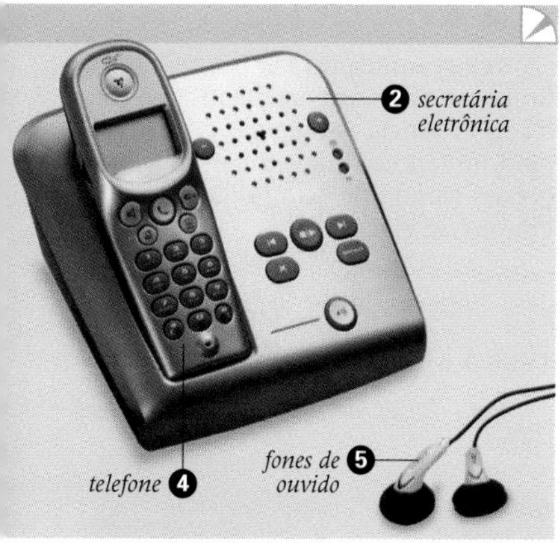

3 Telefones

1 **el móvil**
el mobil

2 **el contestador automático**
el kontestador automatiko

3 **la tarjeta telefónica**
la tarHeta telefonika

4 **el teléfono**
el telefono

5 **los auriculares**
los aurikulares

4 Quando?

Qual o significado destas frases?

1 **Tengo una cita el lunes veinte de mayo.**

2 **Mi cumpleaños es en septiembre.**

3 **Hoy es domingo.**

4 **No trabajo en agosto.**

4 Quando?

1 *Tenho uma reunião na segunda-feira, 20 de maio.*

2 *Meu aniversário é em setembro.*

3 *Hoje é domingo.*

4 *Não trabalho em agosto.*

5 Hora

Diga estes horários em espanhol.

5 Hora

1 **la una**
la una

2 **la una y cinco**
la una i Zinko

3 **la una y veinte**
la una i beinte

4 **la una y media**
la una i media

5 **la una y cuarto**
la una i kuarto

6 **las dos menos diez**
las dos menos dieZ

1 Treino

Conte até 100, de dez em dez. (págs. 10–1, págs. 30–1)

Pergunte "Que horas são?" (págs. 30–1)

Diga "Uma e meia". (págs. 30–1)

En la oficina de billetes
Na bilheteria

Os trens municipais são muito baratos, limpos e eficientes na Espanha. Os de longa distância ainda oferecem vagões para fumantes e não-fumantes e os preços variam de acordo com o dia em que se viaja.

2 Memorize

Aprenda estas palavras e depois faça um teste.

la estación la estaZion	*estação*
la terminal la terminal	*terminal*
el billete el bilhete	*tíquete, bilhete, passagem*
de ida de ida	*de ida*
de ida y vuelta de ida i buelta	*de ida e volta*
de primera de primera	*de primeira classe*
de segunda de segunda	*de segunda classe*
el descuento el deskuento	*desconto*

el pasajero
el passaHero
passageiro

la señal
la senhal
sinal

La estación está llena de gente.
La estaZion esta lhena de Hente.
A estação está lotada.

3 Conversação

Dos billetes para Bilbao, por favor.
Dos bilhetes para bilbao, por fabor.

Duas passagens para Bilbao, por favor.

¿De ida y vuelta?
De ida i buelta?

De ida e volta?

Si.¿Necesito reservar asiento?
Si. Necessito resserbar assiento?

Sim. Preciso reservar lugar?

4 Frases úteis

Aprenda estas frases e depois faça um teste, usando a orelha do livro.

Mi tren va con retraso.
Mi tren ba kon retrasso.
Meu trem está atrasado.

Quanto custa uma passagem para Madri?	**¿Cuánto cuesta un billete para Madrid?** Kuanto kuesta un bilhete para madrid?
Posso pagar com cartão de crédito?	**¿Puedo pagar con tarjeta de crédito?** Puedo pagar kon tarHeta de kredito?
Preciso fazer baldeação?	**¿Tengo que cambiar?** Tengo ke kambiar?
De qual plataforma sai o trem?	**¿De qué andén sale el tren?** De ke anden sale el tren?
Há algum desconto?	**¿Hay algún descuento?** Ai algun deskuento?
A que horas sai o trem para Gijón?	**¿A qué hora sale el tren para Gijón?** A ke ora sale el tren para HiHon?

el tren
el tren
trem

el andén
el anden
plataforma

5 Fale

De qual plataforma sai o trem para Madri?

Três passagens de ida e volta para Murcia, por favor.

Dica cultural

Muitas estações de trem agora possuem validadores automáticos que aceitam cartão de crédito.

No hace falta. Cuarenta euros, por favor.
No aZe falta. Kuarenta euros, por fabor.

Não é preciso. Quarenta euros, por favor.

¿Aceptan tarjetas de crédito?
AZeptan tarHetas de kredito?

(Vocês) aceitam cartão de crédito?

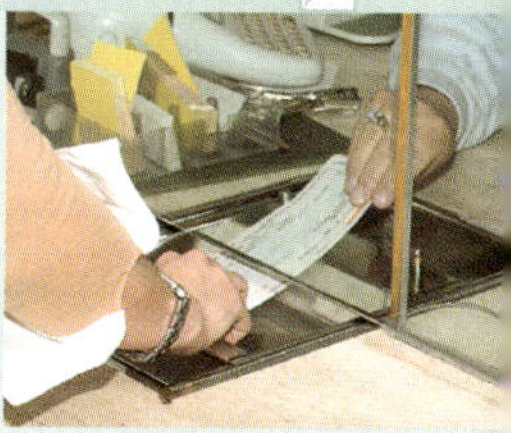

Si. El tren sale del andén cinco.
Si. El tren sale del anden Zinko.

Sim. O trem sai da plataforma cinco.

1 Treino

Como se fala "trem" em espanhol? (págs. 38–9)

O que significa "¿De qué andén sale el tren?"? (págs. 38–9)

Pergunte "Quando você está livre?" (págs. 32–3)

Ir y coger
Ir e pegar

Os verbos **ir** (*ir*) e **coger** (*pegar*) permitem criar diversas frases úteis. Observe que **coger** pode ter o sentido de apanhar: **coger una pelota** (*apanhar uma bola*), **coger un resfriado** (*apanhar um resfriado*); agarrar: **coger a alguien** (*agarrar alguém*); e segurar: **coger a un bebé** (*segurar um bebê*).

2 Ir: ir

Os espanhóis usam a mesma forma de **ir** para *Vou* e *Estou indo*: **voy a Madrid** (*Vou a Madri/Estou indo a Madri*). O mesmo ocorre com outros verbos – por exemplo, **cojo el metro** (*Pego o metrô/Estou pegando o metrô*).

yo voy io boi	*eu vou*
tú vas/usted va tu bas/usted ba	*você vai/tu vais (informal/formal)*
él/ella va el/elha ba	*ele/ela vai*
nosotros(as) vamos nossotros(as) bamos	*nós vamos*
vosotros(as) vais/ ustedes van bossotros(as) bais/ ustedes ban	*vocês vão/vós ides (informal/formal)*
ellos/as van elhos/as ban	*eles/elas vão*
¿A dónde vas? A donde bas?	*Para onde (você) vai?*
Voy a Madrid. Boi a madrid.	*Vou para Madri.*

Voy a la Plaza de España.
Boi a la plaZa de espanha.
Vou à Plaza de España.

Dica de conversação Talvez você tenha reparado que **de** (de) se associa com **el** para formar **del**, como em **Museo del Prado** ("Museu do Prado"); **el menú del día** ("cardápio do dia"). Do mesmo modo, **a** ("a") se junta com **el** para formar **al**: **Voy al museo** ("Vou ao museu"). Com o feminino e palavras no plural, **de** permanece separado de **la, los** e **las**.

3 Coger: pegar

Diga em voz alta o presente do verbo **coger** (*pegar*). Use a orelha para fazer um teste. Quando estiver confiante, pratique as frases a seguir.

Yo cojo el metro todos los días.
lo koHo el metro todos los dias.
Eu pego o metrô todos os dias.

yo cojo io koHo	*eu pego*
tú coges/usted coge tu koHes/usted koHe	*você pega/tu pegas (informal/formal)*
él/ella coge el/elha koHe	*ele/ela pega*
nosotros(as) cogemos nossotros(as) koHemos	*nós pegamos*
vosotros(as) cogéis/ustedes cogen bossotros(as) koHeis/ ustedes koHen	*vós pegais (informal/ formal)*
ellos/as cogen elhos/as koHen	*eles/elas pegam*

No quiero coger un taxi.
No kiero koHer un taksi.
Não quero pegar um táxi.

Coja la primera a la izquierda.
KoHa la primera a la iZkierda.
Pegue a primeira à esquerda.

4 Pratique

Cubra o texto à direita e complete o diálogo em espanhol.

¿A dónde va?
A donde ba?
Para onde vai?

Diga: Vou para Puerta del Sol.

Voy a la Puerta del Sol.
Boi a la puerta del sol.

¿Quiere coger el autobús?
Kiere koHer el autobus?
Quer pegar o ônibus?

Diga: Não, quero ir de metrô.

No, quiero ir en metro.
No, kiero ir en metro.

1 Treino

Diga "Eu não quero pegar um táxi". (págs. 40–1)

Pergunte "Aonde você vai?" (págs. 40–1)

Diga "80" e "40". (págs. 30–1)

Taxi, autobús, y metro

Táxi, ônibus e metrô

O metrô e alguns ônibus usam um sistema de cobrança no qual é preciso validar o bilhete em uma máquina. Há uma tarifa padrão por percurso, mas pode-se comprar um **metrobús**, com 10 bilhetes que servem para ambos.

2 Memorize

Decore estas palavras.

el autobús el autobus	*ônibus*
la taquilla la takilha	*bilheteria*
la estación de metro la estaZion de metro	*estação de metrô*
la parada de autobús la parada de autobus	*ponto de ônibus*
la tarifa la tarifa	*tarifa*
el taxi el taksi	*táxi*
la parada de taxis la parada de taksis	*ponto de táxi*

¿Para aquí el 17?
Para aki el dieZisiete?
O (ônibus) 17 pára aqui?

3 Conversação: táxi

A la Plaza de España, por favor.
A la plaZa de espanha, por fabor.

Para a Plaza de España, por favor.

Sí, de acuerdo, señor.
Si, de akuerdo, senhor.

Sim, claro, senhor.

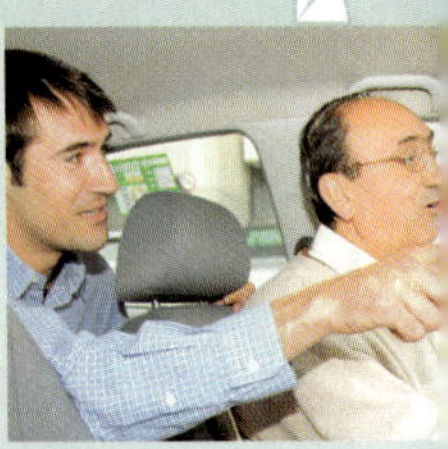

¿Me puede dejar aquí, por favor?
Me puede deHar aki, por fabor.

Pode me deixar aqui, por favor?

4 Frases úteis

Aprenda estas frases e depois faça um teste, usando a orelha do livro.

Gostaria de um táxi para ir ao Prado.

Quisiera un taxi para ir al Prado.
Kissiera un taksi para ir al prado.

Quando sai o próximo ônibus?

¿Cuándo sale el próximo autobús?
Kuando sale el proksimo autobus?

Como se vai ao museu?

¿Cómo se va al museo?
Komo se ba al musseo?

Quanto dura a viagem?

¿Cuánto dura el viaje?
Kuanto dura el biaHe?

Espere por mim, por favor.

Espéreme, por favor.
Espereme, por fabor.

Dica cultural As linhas de metrô em Madri são conhecidas por números e pelos nomes da primeira e da última estação. Guie-se pelas estações finais importantes. O metrô madrilenho circula todos os dias entre 6h e 2h.

6 Fale

Passa perto da estação de trem?

Passa perto do Prado?

Quando passa o próximo trem para Barcelona?

5 Conversação: ônibus

¿Pasa cerca del museo?
Passa Zerka del musseo?

Passa perto do museu?

Sí. Son 80 céntimos.
Si. Son otchenta Zentimos.

Sim. São 80 centavos.

Avíseme cuando lleguemos.
Abisseme kuando lheguemos.

Avise-me quando chegarmos.

1 Treino

Como se diz "Eu tenho..."? (págs. 14–5)

Diga "meu pai", "minha irmã" e "meus pais". (págs. 10–1, págs. 12–3)

Diga "Vou para Madri". (págs. 40–1)

En la carretera
Na estrada

As **autopistas** (*auto-estradas*) espanholas são rápidas e às vezes caras. Você vai ver semáforos antes do **el peaje** (*pedágio*). Há várias pistas, mas entre em uma com sinal verde que permita pagar em dinheiro ou com cartão. Algumas pistas são só para caminhões ou para quem já tem o bilhete.

2 Associe e repita

Associe os itens numerados à lista da esquerda, depois faça um teste.

1 **el maletero**
el maletero

2 **el parabrisas**
el parabrissas

3 **el capó**
el kapo

4 **la rueda**
la rueda

5 **el neumático**
el neumatiko

6 **la puerta**
la puerta

7 **los faros**
los faros

8 **el parachoques**
el paratchokes

Dica cultural Alguns postos de gasolina são de auto-atendimento. Você deve especificar quantos litros quer e pagar com cartão *antes* de encher o tanque.

3 Termos rodoviários

la rotonda
la rotonda

rotatória

el semáforo
el semaforo

semáforo

el cruce
el kruZe

cruzamento

4 Frases úteis

Aprenda estas frases e depois faça um teste, usando a orelha do livro.

O pisca-pisca não está funcionando.

El intermitente no funciona.
El intermitente no funZiona.

Encha o tanque, por favor.

Lleno, por favor.
Lheno, por fabor.

5 Memorize

Decore estas palavras, cubra-as com a orelha do livro e faça um teste.

gasolina	**la gasolina** la gassolina
diesel	**el gasoil** el gassoil
óleo	**el aceite** el aZeite
motor	**el motor** el motor
caixa de câmbio	**la caja de cambios** la kaHa de kambios
pisca-pisca	**el intermitente** el intermitente
pneu furado	**la rueda pinchada** la rueda pintchada
escapamento	**el tubo de escape** el tubo de eskape
carteira de habilitação	**el carné de conducir** el karne de konduZir

6 Fale

Há algo errado com o motor do carro.

Meu pneu está furado.

la autopista
la autopista
auto-estrada

la autopista de peaje
la autopista de peaHe
auto-estrada pedagiada

el atasco de tráfico
el atasko de trafiko
engarrafamento

Respuestas
Respostas
Cubra com a orelha.

1 Transporte

1 **el autobús**
el autobus

2 **el taxi**
el taksi

3 **el coche**
el kotche

4 **la bicicleta**
la biZikleta

5 **el metro**
el metro

2 Ir e pegar

1 **ir**
ir

2 **cojo**
koHo

3 **va**
ba

4 **vamos**
bamos

5 **cogen**
koHen

6 **voy**
boi

Repase y repita
Reveja e repita

1 Transporte

Dê o nome em espanhol destes meios de transporte.

ônibus 1

metrô 5

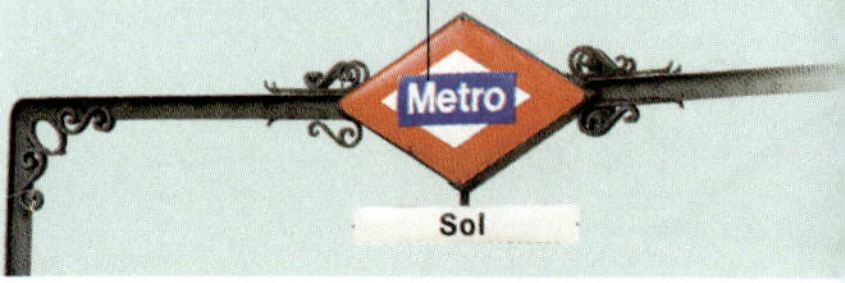

2 Ir e pegar

Use a forma correta do verbo entre parênteses.

1 **Quiero ___ a la estación. (ir)**

2 **Yo ___ el metro. (coger)**

3 **¿A dónde ___ usted? (ir)**

4 **Nosotros ___ al Museo del Prado. (ir)**

5 **Ellos ___ (coger) un taxi.**

6 **Yo ___ (ir) a Madrid.**

Respuestas
Respostas
Cubra com a orelha.

2 *táxi*

3 *carro*

4 *bicicleta*

3 O senhor?

Use a forma correta de **usted** ou **tú** em cada frase.

1 *Você está numa cafeteria. Peça "Tem churros?"*

2 *Você está com um amigo. Pergunte "Quer uma cerveja?"*

3 *Um visitante o aborda na recepção de sua empresa. Pergunte "Tem uma reunião?"*

4 *Você está no ônibus. Pergunte "Passa perto da estação?"*

5 *Pergunte à sua amiga aonde ela vai amanhã.*

3 O senhor?

1 **¿Tiene churros?**
Tiene tchurros?

2 **¿Quieres una cerveza?**
Kieres una ZerbeZa?

3 **¿Tiene una cita?**
Tiene una Zita?

4 **¿Pasa cerca de la estación?**
Passa Zerka de la estaZion?

5 **¿A dónde vas mañana?**
A donde bas manhana?

4 Passagens

Você está comprando passagens em uma estação de trem. Siga o diálogo, respondendo em espanhol de acordo com os lembretes numerados em português.

¿Qué desea?
1 *Gostaria de duas passagens para Sevilha.*

¿De ida o de ida y vuelta?
2 *De ida e volta, por favor.*

Muy bien. Cincuenta euros, por favor.
3 *A que horas sai o trem?*

A las tres y diez.
4 *De qual plataforma sai o trem?*

Andén número siete.
5 *Muito obrigado. Até logo.*

4 Passagens

1 **Quisiera dos billetes para Sevilla.**
Kissiera dos bilhetes para sebilha.

2 **De ida y vuelta, por favor.**
De ida i buelta, por fabor.

3 **¿A qué hora sale el tren?**
A ke ora sale el tren?

4 **¿De qué andén sale el tren?**
De ke anden sale el tren?

5 **Muchas gracias. Adiós.**
Muchas graZias. Adios.

1 Treino

Pergunte "Como se vai ao museu?"
(págs. 42–3)

Diga "Quero pegar o metrô" e "Não quero pegar um táxi".
(págs. 40–1)

En la ciudad
Na cidade

Observe que a palavra **museo** (*museu*) em espanhol também significa galeria de arte, local público onde se exibem peças de arte; **galería de arte** em geral se refere a uma loja que vende obras de arte. Atenção também para o sentido dos termos **librería** (*livraria*) e **biblioteca** (*biblioteca*).

2 Associe e repita

Associe os locais numerados com as palavras da lista à esquerda.

1 **el ayuntamiento**
el aiuntamiento

2 **el puente**
el puente

3 **el centro**
el Zentro

4 **la iglesia**
la iglessia

5 **la plaza**
la plaZa

6 **el aparcamiento**
el aparkamiento

7 **la biblioteca**
la biblioteka

8 **el museo**
el musseo

1 *prefeitura*

2 *ponte*

3 Memorize

Decore estas palavras e depois faça um teste usando a orelha do livro.

la gasolinera la gassolinera	*posto de gasolina*
la oficina de información turística la ofiZina de informaZion turistika	*centro de informações turísticas*
la piscina municipal la pisZina muniZipal	*piscina pública*

7 *biblioteca*

Dica de conversação Você já aprendeu o verbo **ser** (pág. 14): **soy brasileño/a** ("sou brasileiro/a"); **es vegetariano** ("é vegetariano"). Ao falar sobre onde está alguma coisa, é preciso usar o verbo **estar**, que, traduzido para o português, em geral corresponde ao verbo "ficar". As formas mais importantes deste verbo são: **estoy** ("estou"), **está** ("ele/ela está") e **están** ("estão"): **¿Dónde está la iglesia?** ("Onde fica a igreja?"); **El café no está lejos.** ("O café não fica longe.")

4 Frases úteis

Aprenda estas frases e depois faça um teste, usando a orelha do livro.

La catedral está en el centro.
La katedral esta en el Zentro.
A catedral fica no centro.

Há alguma galeria de arte na cidade?	**¿Hay algún museo de arte en la ciudad?** Ai algun musseo de arte en la Ziudad?
Fica longe daqui?	**¿Está lejos de aquí?** Esta leHos de aki?
Há uma piscina perto da ponte.	**Hay una piscina cerca del puente.** Ai una pisZina Zerka del puente.

5 Pratique

Participe deste diálogo. Leia o texto em espanhol à esquerda e siga as instruções para responder. Depois, faça um teste.

¿Le puedo ayudar? Le puedo aiudar? *Posso ajudá-lo?* *Pergunte: Há alguma biblioteca na cidade?*	**¿Hay alguna biblioteca en la ciudad?** Ai alguna biblioteka en la Ziudad?
No, pero hay un museo. No, pero ai un musseo. *Não, mas há um museu.* *Pergunte: Como se chega ao museu?*	**¿Cómo se va al museo?** Komo se ba al musseo?
Está por allí. Esta por alhi. *Fica ali.* *Diga: Muito obrigado.*	**Muchas gracias.** Mutchas graZias.

6 *estacionamento*

8 *museu*

1 Treino

Como se diz "perto da estação"? (págs. 42–3)

Diga "Pegue a primeira à esquerda". (págs. 40–1)

Pergunte "Para onde você vai?" (págs. 40–1)

Las direcciones
Orientações

Você não vai ter dificuldade em encontrar um **mapa de la ciudad** (*mapa da cidade*) no centro, geralmente perto da prefeitura ou de algum centro de informações turísticas. Nas partes mais antigas das cidades as ruas costumam ser estreitas, de mão única. Com freqüência é proibido estacionar.

2 Frases úteis

Aprenda estas frases e depois faça um teste.

Dé vuelta a la izquierda/derecha. day vweltah ah lah eeskyairdah/ derechah	*Vire à esquerda/ direita.*
todo recto todoh rrektoh	*siga reto*
¿Cómo se va a la piscina? komoh say bah ah lah peesseenah	*Como se chega à piscina?*
la primera a la derecha lah preemerah ah lah derechah	*primeira à direita*
la segunda a la izquierda lah segoondah ah lah eeskyairdah	*segunda à esquerda*

el bloque de oficinas
el bloke de ofiZinas
prédio de escritórios

la fuente
la fuente
fonte

3 Conversação

¿Hay un restaurante aquí cerca?
Ai un restaurante aki Zerka?

Há um restaurante aqui perto?

Sí, cerca de la estación.
Si, Zerka de la estaZion.

Sim, perto da estação.

¿Cómo se va a la estación?
Komo se ba a la estaZion?

Como se chega à estação?

4 Memorize

Decore estas palavras, cubra-as com a orelha do livro e faça um teste.

Me he perdido.
Me e perdido.
Me perdi.

semáforo, sinal	**el semáforo** el semaforo
esquina	**la esquina** la eskina
rua	**la calle** la kalhe
rua principal	**la calle principal** la kalhe principal
no final da rua	**al final de la calle** al final de la kalhe
mapa	**el mapa** el mapa
passarela	**el paso elevado** el passo elebado
em frente a/ao	**enfrente de** enfrente de

el centro deportivo
el centro deportibo
centro desportivo

la zona peatonal
la Zona peatonal
área de pedestres

¿Dondé estamos?
Donde estamos?
Onde estamos?

5 Fale

Vire à direita no final da rua.

Vire à esquerda em frente ao museu.

Dez minutos de ônibus.

Dé vuelta a la izquierda en el semáforo.
De vuelta a la iskierda en el semaforo.

Vire à esquerda no semáforo.

¿Está lejos?
Esta leHos?

Fica longe?

No, cinco minutos andando.
No, Zinko minutos andando.

Não, cinco minutos a pé.

1 Treino

Diga os dias da semana em espanhol. (págs. 28–9)

Como se diz "seis horas"? (págs. 30–1)

Pergunte "Que horas são?" (págs. 30–1)

El turismo
Turismo

Muitos museus nacionais e galerias de arte fecham às segundas-feiras. Embora as lojas geralmente não funcionem aos domingos, muitas ficam abertas em pontos turísticos. Em algumas áreas não é raro lojas e edifícios públicos fecharem na hora do almoço, entre 14 e 16 horas.

2 Memorize

Decore estas palavras, cubra-as com a orelha do livro e faça um teste.

la guía la guia	*guia*
la entrada la entrada	*entrada*
el horario de apertura el orario de apertura	*horário de abertura*
el día festivo el dia festibo	*feriado*
entrada libre entrada libre	*entrada livre*

la visita con guía
la bisita kon guia
visita com guia

Dica cultural Se um feriado cai numa terça ou numa quinta-feira, as pessoas costumam **hacer puente** ("fazer ponte"). Ou seja, tiram a segunda ou a sexta-feira de folga, para prolongar o fim de semana.

3 Conversação

¿Abren esta tarde?
Abren esta tarde?

Vocês abrem esta tarde?

Sí, pero cerramos a las cuatro.
Si, pero cerramos a las kuatro.

Sim, mas fechamos às quatro.

¿Tienen acceso para sillas de ruedas?
Tienen aksesso para silhas de ruedas?

Têm acesso para cadeira de rodas?

4 Frases úteis

Aprenda estas frases e depois faça um teste, usando a orelha do livro.

A que horas abre/fecha?

¿A qué hora abre/cierra?
A ke ora abre/Zierra?

Onde ficam os toaletes?

¿Dónde están los baños?
Donde estan los banhos?

Há acesso para cadeira de rodas?

¿Hay acceso para sillas de ruedas?
Ai aksesso para silhas de ruedas?

5 Pratique

Cubra o texto à direita e complete o diálogo em espanhol.

Lo siento, el museo está cerrado.
Lo siento, el musseo esta cerrado.
Desculpe, o museu está fechado.

Pergunte: Abrem às terças-feiras?

¿Abren los martes?
Abren los martes?

Sí, pero cerramos temprano.
Si, pero cerramos temprano.
Sim, mas fechamos cedo.

Pergunte: A que horas?

¿A qué hora?
A ke ora?

Sí, el elevador está allí.
Si, el elebador esta alhi.

Sim, o elevador fica ali.

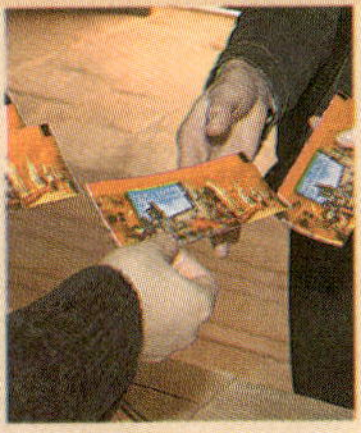

Gracias, quisiera cuatro entradas.
Grassias, kissiera kuatro entradas.

Obrigada, gostaria de quatro entradas.

Aquí tiene, y la guía es gratis.
Aki tiene, i la guia es gratis.

Aqui estão, e o guia é grátis.

1 Treino

Diga "uma e meia". (págs. 30–1)

Como se diz "passagem" em espanhol? (págs. 38–9)

Diga "Vou para Nova York". (págs. 40–1)

En el aeropuerto

No aeroporto

Embora o ambiente dos aeroportos seja amplamente internacional, às vezes é útil saber pedir orientação em espanhol quando estiver circulando pelo terminal. Certifique-se de ter à mão algumas moedas ao chegar ao aeroporto, caso precise pagar para alugar um carrinho de bagagens.

2 Memorize

Decore estas palavras, cubra-as com a orelha do livro e faça um teste.

la facturación la fakturaZion	*check-in*
las salidas las salidas	*partidas*
las llegadas las lhegadas	*chegadas*
la aduana la aduana	*alfândega*
el control de pasaportes el kontrol de passaportes	*controle de passaporte*
la terminal la terminal	*terminal*
la puerta de embarque la puerta de embarke	*portão de embarque*

¿Cuál es la puerta de embarque para el vuelo veintitrés?
Kual es la puerta de embarke para el buelo beintitres?
Qual é o portão de embarque para o vôo 23?

3 Frases úteis

Aprenda estas frases e depois faça um teste, usando a orelha do livro.

¿Sale a su hora el vuelo para Sevilla? Sale a su ora el buelo para sebilha?	*O vôo para Sevilha está no horário?*
No encuentro mi equipaje. No enkuentro mi ekipaHe.	*Não encontro minha bagagem.*

4 Pratique

Participe deste diálogo. Leia o texto em espanhol à esquerda e siga as instruções para responder. Depois, faça um teste cobrindo as respostas com a orelha do livro.

Hola, ¿le puedo ayudar?
Ola, le puedo aiudar?
Olá, posso ajudá-lo?

Pergunte: O vôo para Madri está no horário?

¿Sale a su hora el vuelo para Madrid?
Sale a su ora el buelo para madrid?

Sí, señor.
Si, senhor.
Sim, senhor.

Pergunte: Qual é o portão de embarque?

¿Cuál es la puerta de embarque?
Kual es la puerta de embarke?

5 Associe e repita

Associe os itens numerados às palavras em espanhol da lista.

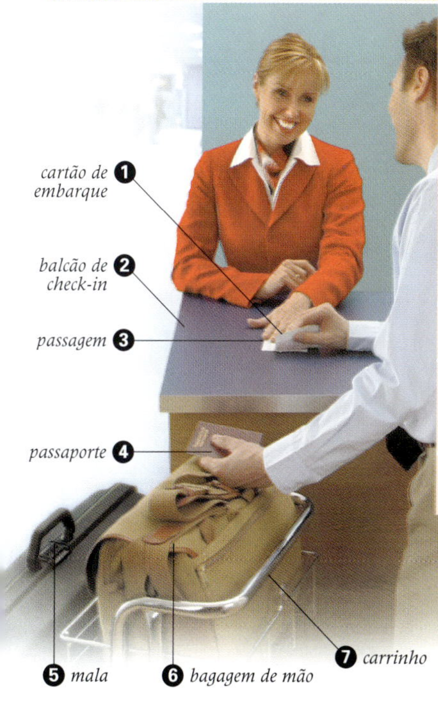

1 **la tarjeta de embarque**
la tarHeta de embarke

2 **el mostrador de facturación**
el mostrador de fakturaZion

3 **el billete**
el bilhete

4 **el pasaporte**
el passaporte

5 **la maleta**
la maleta

6 **el equipaje de mano**
el ekipaZe de mano

7 **el carrito**
el karrito

Repase y repita
Reveja e repita

Respuestas
Respostas
Cubra com a orelha.

1 Locais

1 **el museo**
el musseo

2 **el ayuntamiento**
el aiuntamiento

3 **el puente**
el puente

4 **la biblioteca**
la biblioteka

5 **el aparcamiento**
el aparkamiento

6 **la catedral**
la katedral

7 **la plaza**
la plaZa

2 No carro

1 **el parabrisas**
el parabrissas

2 **el intermitente**
el intermitente

3 **el capó**
el kapo

4 **el neumático**
el neumatiko

5 **la puerta**
la puerta

6 **el parachoques**
el paratchokes

1 Locais

Diga o nome, em espanhol, dos locais numerados.

❶ *museu*

❷ *prefeitura*

❸ *ponte*

❹ *biblioteca*

❺ *estaciona-mento*

❻ *catedral*

❼ *praça*

2 No carro

Dê o nome, em espanhol, destas partes do carro.

pára-brisa ❶

❹ *pneu*

❺ *porta*

Respuestas
Respostas
Cubra com a orelha.

3 Perguntas

Faça as perguntas que combinam com estas respostas.

1 **El autobús sale a las ocho.**
El autobus sale a las otcho.

2 **El café es un euro cincuenta.**
El kafe es un euro Zinkuenta.

3 **No, no quiero vino.**
No, no kiero bino.

4 **El tren sale del andén cinco.**
El tren sale del anden Zinko.

5 **Nosotros vamos a León.**
Nossotros bamos a leon.

6 **El próximo tren es dentro de quince minutos.**
El proksimo tren es dentro de kinZe minutos.

3 Perguntas

1 **¿A qué hora sale el autobús?**
A ke ora sale el autobus?

2 **¿Cuánto es el café?**
Kuanto es el kafe?

3 **¿Quieres vino?**
Kieres bino?

4 **¿De qué andén sale el tren?**
De ke anden sale el tren?

5 **¿A dónde vais?**
A donde bais?

6 **¿Cuándo es el próximo tren?**
Kuando es el proksimo tren?

❷ *pisca-pisca*

❸ *capô*

❻ *pára-choque*

4 Verbos

Coloque nas lacunas a forma correta do verbo entre parênteses.

1 **Yo ____ inglés. (ser)**

2 **Nosotros ____ el metro. (tomar)**

3 **Ella ____ a Marbella. (ir)**

4 **Él ____ casado. (estar)**

5 **¿Tú ____ un té? (querer)**

6 **¿Cuántos niños ____ usted? (tener)**

4 Verbos

1 **soy**
soi

2 **cogemos**
koHemos

3 **va**
ba

4 **está**
esta

5 **quieres**
kieres

6 **tiene**
tiene

1 Treino

Pergunte "Aceitam cartão de crédito?" (págs. 38–9)

Pergunte "Quanto custa?" (págs. 18–9)

Pergunte "Tem filhos?" (págs. 10–1)

Reservar una habitación

Reservar um quarto

Os tipos de hospedagem na Espanha incluem: **hotel**, classificado de uma a cinco estrelas; **pensión**, pequeno hotel de família; **hostal**, barato e básico; e **parador**, hotel em propriedades históricas ou locais de grande beleza.

2 Frases úteis

Pratique estas frases e depois faça um teste cobrindo o texto em espanhol à esquerda com a orelha do livro.

¿El desayuno está incluido?
El desaiuno esta inkluido?

O café da manhã está incluído?

¿Aceptan animales de compañía?
AZeptan animales de kompanhia?

Aceitam animais de estimação?

¿Tienen servicio de habitaciones?
Tienen serbiZio de abitaZiones?

Têm serviço de quarto?

¿A qué hora tengo que dejar la habitación?
A ke ora tengo ke deHar la abitaZion?

A que horas preciso deixar o quarto?

3 Conversação

¿Tiene habitaciones libres?
Tiene abitaZiones libres?

Vocês têm quartos vagos?

Sí, una habitación doble.
Si, una abitaZion doble.

Sim, um quarto de casal.

¿Tiene una cuna?
Tiene una kuna?

Tem um berço?

4 Memorize

Decore estas palavras e depois faça um teste cobrindo o texto em espanhol à direita com a orelha do livro.

¿Tiene la habitación vistas al parque?
Tiene la abitaZion bistas al parke?
O quarto tem vista para o parque?

quarto	**la habitación** la abitaZion
quarto de solteiro	**la habitación individual** la abitaZion indibidual
quarto de casal	**la habitación doble** la abitaZion doble
banheiro	**el cuarto de baño** el kuarto de banho
chuveiro	**la ducha** la dutcha
café da manhã	**el desayuno** el desaiuno
chave	**la llave** la lhabe
sacada	**el balcón** el balkon
ar-condicionado	**el aire acondicionado** el aire akondiZionado

5 Fale

Tem quarto para uma pessoa?

Por seis noites.

O café da manhã está incluído?

Dica cultural Em geral, somente os grandes hotéis e paradores oferecem café da manhã, que costuma ser cobrado à parte. Se o local onde está hospedado não tem este serviço, você logo vai encontrar um bar ou café por perto onde poderá tomar o **café con leche** pela manhã.

Sí, claro. ¿Cuántas noches?
Si, klaro. Kuantas notches?

Sim, claro. Para quantas noites?

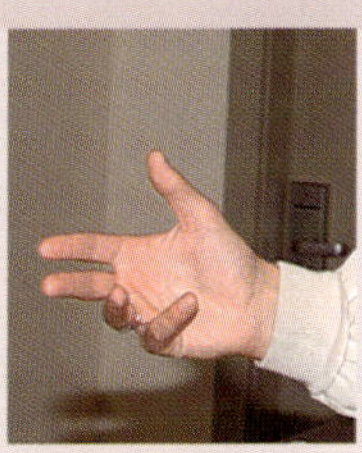

Para tres noches.
Para tres notches.

Para três noites.

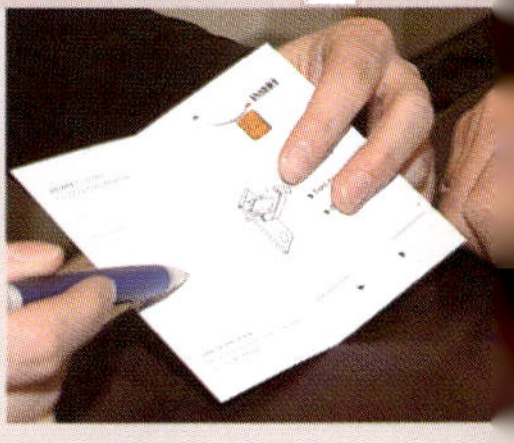

Muy bien. Aquí tiene la llave.
Mui bien. Aki tiene la lhabe.

Muito bem. Aqui está a chave.

1 Treino

Diga "Há alguma...?" e "Não, mas...". (págs. 48–9)

O que significa "¿Le puedo ayudar?" (págs. 54–5)

En el hotel
No hotel

Os hotéis maiores quase sempre têm quartos com banheiro privativo, mas ainda há algumas **pensiones** e **hostales** onde você precisará usar um banheiro coletivo e geralmente não terá toalhas à sua disposição. Ao fazer a reserva, informe-se sobre o que é oferecido aos hóspedes.

2 Associe e repita

Associe os itens numerados neste quarto de hotel ao texto em espanhol da lista; depois, faça um teste usando a orelha do livro.

1 **la mesilla de noche**
la mesilha de notche

2 **la lámpara**
la lampara

3 **el equipo de música**
el ekipo de musika

4 **las cortinas**
las kortinas

5 **el sofá**
el sofa

6 **la almohada**
la almoada

7 **el cojín**
el koHin

8 **la cama**
la kama

9 **la colcha**
la koltcha

10 **la manta**
la manta

Dica cultural Ao chegar a seu quarto para duas pessoas, provavelmente vai encontrar na cama um grande travesseiro em vez de dois individuais. Este é o tamanho normal para a cama de casal (**cama de matrimonio**). Se você não quiser dividir a cama ou o travesseiro, peça **una habitación doble con dos camas** ("um quarto com duas camas de solteiro").

3 Frases úteis

Aprenda estas frases e depois faça um teste, usando a orelha do livro.

O quarto está muito frio/quente.

Hace demasiado frío/calor en la habitación.
AZe demassiado frio/kalor en la abitaZion.

Não há toalhas.

No hay toallas.
No ai toalhas.

Preciso de sabonete.

Necesito jabón.
Necessito Habon.

O chuveiro não funciona.

La ducha no funciona.
La dutcha no funZiona.

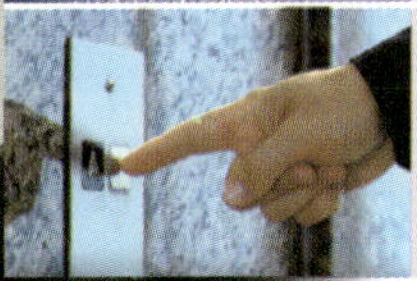

O elevador está quebrado.

El ascensor está roto.
El asZenssor esta roto.

4 Pratique

Pratique estas frases e depois complete o diálogo em espanhol.

¿Le atienden?
Le atienden?
Posso ajudá-la?

Diga: Preciso de travesseiros.

Necesito almohadas.
Necessito almoadas.

La camarera se las llevará.
La kamarera se las lhebara.
A camareira os levará.

Diga: E a TV não está funcionando.

Y la televisión no funciona.
I la telebission no funZiona.

1 Treino

Como você pergunta "Posso?"? (págs. 34–5)

Diga "O elevador está quebrado". (págs. 60–1)

Diga "Preciso de toalhas". (págs. 60–1)

En el cámping
No camping

Os acampamentos são populares na Espanha. As muitas áreas de camping estão bem-organizadas e operam por sistema de estrelas. O escritório local de informação ao turista pode lhe fornecer uma lista dos campings da região e sua classificação. Nos meses de verão convém reservar antes.

2 Frases úteis

Aprenda estas frases e depois faça um teste cobrindo o texto em espanhol com a orelha.

¿Puedo alquilar una bicicleta? Puedo alkilar una biZikleta?	*Posso alugar uma bicicleta?*
¿Es el agua potable? Es el agua potable?	*A água é potável?*
¿Se permiten hogueras? Se permiten ogueras?	*É permitido fazer fogueira?*
Las radios están prohibidas. Las radios estan proibidas.	*Os rádios são proibidos.*

3 Conversação

Necesito una plaza para tres noches.
Necessito una plaZa para tres notches.

Preciso de um lugar por três noites.

Hay una cerca de la piscina.
Ai una Zerka de la pisZina.

Há um perto da piscina.

¿Cuánto cuesta para una roulotte?
Kuanto kuesta para una rulot?

Quanto custa para um trailer?

4 Memorize

Decore estas palavras, cubra-as com a orelha do livro e faça um teste.

acampamento	**el cámping** el kampin
barraca, tenda	**la tienda** la tienda
trailer	**la roulotte** la rulot
motor-home	**la autocaravana** la autokarabana
lugar	**la plaza** la plaZa
fogueira	**la hoguera** la oguera
água potável	**el agua potable** el agua potable
lixo	**la basura** la bassura
fogareiro	**el camping-gas** el kampin gas
chuveiros	**las duchas** las dutchas
saco de dormir	**el saco de dormir** el sako de dormir
colchão de ar	**la colchoneta** la koltchoneta
forro do piso	**el suelo aislante** el suelo aislante

5 Fale

Preciso de um lugar por quatro noites.

Posso alugar uma barraca?

Onde está o ponto de luz?

Cincuenta euros. Una noche por adelantado.
Zinkuenta euros. Una notche por adelantado.

Cinqüenta euros. Uma noite adiantado.

¿Puedo alquilar una barbacoa?
Puedo alkilar una barbakoa?

Posso alugar uma churrasqueira?

Sí, pero tiene que dejar una señal.
Si, pero tiene ke deHar una senhal.

Sim, mas é preciso deixar um depósito.

1 Treino

Como se diz "quente" e "frio"? (págs. 60–1)

Como se fala em espanhol "quarto", "cama" e "travesseiro"? (págs. 60–1)

Descripciones
Descrições

Adjetivos são palavras usadas para descrever coisas. Em espanhol coloca-se o adjetivo depois do substantivo, no mesmo gênero e número: **una bebida fría** (*uma bebida fria*, feminino singular); **un café frío** (*um café frio*, masculino singular); **dos bebidas frías** (*duas bebidas frias*, feminino plural).

2 Memorize

Os adjetivos variam de acordo com o gênero do objeto descrito, se for masculino (**el**) ou feminino (**la**). Em geral, o final "o" muda para "a" no feminino, mas se o adjetivo termina em "e" (como em **grande**), permanece inalterado. Para o plural, basta acrescentar "s" no final.

Espanhol	Português
duro/a duro/a	*duro/a*
blando/a blando/a	*macio/a, suave*
caliente kaliente	*quente*
frío/a frio/a	*frio/a*
grande grande	*grande*
pequeño/a pekenho/a	*pequeno/a*
bonito/a bonito/a	*bonito/a*
feo/a feo/a	*feio/a*
ruidoso/a ruidosso/a	*barulhento/a*
tranquilo/a trankilo/a	*sossegado/a*
bueno/a bueno/a	*bom/boa*
malo/a malo/a	*mau/má*
lento/a lento/a	*lento/a*
rápido/a rapido/a	*rápido/a*

El pueblo es muy bonito.
El pueblo es mui bonito.
A aldeia é muito bonita.

3 Frases úteis

Aprenda estas frases. Você pode enfatizar uma descrição usando **muy** (*muito*), **demasiado** (*demais*) ou **más** (*mais*) antes do adjetivo.

Este café está frio.

Este café está frío.
Este kafe esta frio.

Meu quarto é muito barulhento.

Mi habitación es muy ruidosa.
Mi abitaZion es mui ruidossa.

Meu carro é muito pequeno.

Mi coche es demasiado pequeño.
Mi kotche es demassiado pekenho.

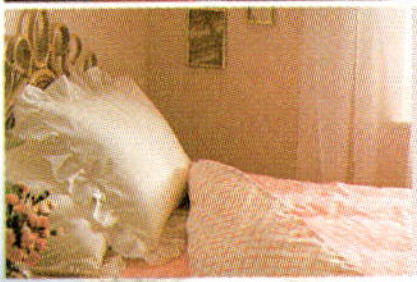

Preciso de uma cama mais macia.

Necesito una cama más blanda.
Necessito una kama mas blanda.

4 Pratique

Participe deste diálogo. Cubra o texto à direita e complete o diálogo em espanhol. Verifique e repita, se for necessário.

Ésta es la habitación.
Esta es la abitaZion.
Este é o quarto.

Diga: A vista é muito bonita.

La vista es muy bonita.
La bista es mui bonita.

El cuarto de baño está por ahí.
El kuarto de banho esta por ai.
O banheiro é ali.

Diga: É muito pequeno.

Es demasiado pequeño.
Es demasiado pekenho.

No tenemos otra.
No tenemos otra.
Não temos outro.

Diga: Não tem problema. Nós ficamos com o quarto.

No importa. Nos quedamos con la habitación.
No importa. Nos kedamos kon la abitaZion.

Respuestas
Respostas
Cubra com a orelha.

1 Descrições

1 **caliente**
kaliente

2 **pequeña**
pekenha

3 **frío**
frio

4 **grande**
grande

5 **tranquila**
trankila

2 Camping

1 **el punto de luz**
el punto de luz

2 **la tienda**
la tienda

3 **el contenedor de la basura**
el kontenedor de la bassura

4 **la cuerda**
la kuerda

5 **los aseos**
los asseos

6 **la roulotte**
la rulot

Repase y repita
Reveja e repita

1 Descrições

Ponha em espanhol as palavras entre parênteses. Use a forma correta masculina ou feminina.

1 **El agua está demasiado ____ (quente).**

2 **La cama es muy ____ (pequeno).**

3 **El café está ____ (frio).**

4 **Este cuarto de baño es más ____ (grande).**

5 **Quisiera una habitación más ____ (tranqüilo).**

2 Camping

Dê o nome destes itens que podem ser encontrados em um camping.

Respuestas
Respostas
Cubra com a orelha.

3 No hotel

Você está reservando um quarto em um hotel. Siga o diálogo, respondendo em espanhol às frases abaixo, em português.

¿Qué desean?
1 *Têm quartos vagos?*

Sí, una habitación doble.
2 *Aceitam animais?*

Sí. ¿Cuántas noches?
3 *Três noites.*

Son ciento cuarenta euros.
4 *O café da manhã está incluído?*

Sí. Aquí tiene la llave.
5 *Muito obrigado.*

3 No hotel

1 **¿Tiene habitaciones libres?**
Tiene abitaZiones libres?

2 **¿Aceptan animales de compañía?**
AZeptan animales de kompanhia?

3 **Tres noches.**
Tres notches.

4 **¿El desayuno está incluido?**
El desaiuno esta inkluido?

5 **Muchas gracias.**
Mutchas graZias.

4 Negativas

Transforme estas sentenças em frases negativas usando o verbo entre parênteses.

1 **Yo ____ hijos. (tener)**

2 **Ellos ____ a Madrid mañana. (ir)**

3 **Él ____ un café. (querer)**

4 **Yo ____ el metro. (coger)**

5 **La vista ____ muy bonita. (ser)**

4 Negativas

1 **no tengo**
no tengo

2 **no van**
no ban

3 **no quiere**
no kiere

4 **no cojo**
no koHo

5 **no es**
no es

1 Treino

Pergunte "Como se chega à estação?" (págs. 50–1)

Diga "Vire à esquerda no semáforo" e "A estação fica em frente à cafeteria". (págs. 50–1)

De compras
Compras

Pequenas lojas tradicionais ainda são muito comuns na Espanha. Mas você também vai encontrar supermercados e shopping centers. Por toda parte há mercados que vendem produtos locais frescos. Verifique o dia do mercado na **oficina de información turística** (*escritório de informação turística*).

2 Associe e repita

Associe os negócios numerados de 1 a 9 abaixo com o texto em espanhol da lista. Depois faça um teste usando a orelha do livro.

1 **la panadería**
la panaderia

2 **la pastelería**
la pasteleria

3 **el estanco**
el estanko

4 **la carnicería**
la karniZeria

5 **la charcutería**
la charkuteria

6 **la librería**
la libreria

7 **la pescadería**
la peskaderia

8 **la joyería**
la Hoieria

9 **el banco**
el banko

❶ *padaria*

❷ *doceria*

❹ *açougue*

❺ *delicatessen*

❼ *peixaria*

❽ *joalheria*

Dica cultural Se você quer um sabonete de uso diário ou um tubo de pasta de dentes, deve ir a uma **droguería** ("drogaria") em vez de ir à **farmacia** ("farmácia"). O **estanco** ("tabacaria") é o local para todo tipo de produto de tabaco e selos. **Papelerías** vendem artigos de papelaria e escritório. Quase todas as lojas espanholas oferecem serviço de embrulho gratuito; basta pedir: **¿Me lo envuelve para regalo?** ("Pode embrulhar para presente?").

3 Memorize

Decore estas palavras, cubra-as com a orelha do livro e faça um teste.

¿Dónde está la floristería?
Donde esta la floristeria?
Onde fica a floricultura?

serralheria	**la ferretería** la ferreteria
antiquário	**el anticuario** el antikuario
cabeleireiro	**la peluquería** la pelukeria
quitanda	**la verdulería** la berduleria
correio	**la oficina de correos** la ofiZina de korreos
sapataria	**la zapatería** la Zapateria
tinturaria	**la tintorería** la tintoreria
mercearia	**el ultramarinos** el ultramarinos

❸ *tabacaria*

❻ *livraria*

❾ *banco*

4 Frases úteis

Aprenda estas frases.

Onde fica o cabeleireiro?	**¿Dónde está la peluquería?** Donde esta la pelukeria?
Onde eu pago?	**¿Dónde se paga?** Donde se paga?
Estou só olhando, obrigado.	**Sólo estoy mirando, gracias.** Solo estoi mirando, graZias.
Têm cartão telefônico?	**¿Tiene tarjetas telefónicas?** Tiene tarHetas telefonikas?
Pode me dar dois destes?	**¿Me pone dos de éstos?** Me pone dos de estos?
Posso fazer um pedido?	**¿Puedo hacer un pedido?** Puedo aZer un pedido?

5 Fale

Onde é o banco?

Você vende queijo?

Onde eu pago?

1 Treino

Diga em espanhol 40, 56, 77, 82 e 94. (págs. 30–1)

Diga "Eu gostaria de um quarto grande". (págs. 64–5)

Pergunte "Você tem um carro pequeno?" (págs. 64–5)

En el mercado
No mercado

Como o Brasil, a Espanha usa o sistema métrico de pesos e medidas. Você tem que pedir os produtos por quilos ou gramas. Itens maiores, como melões e abacaxis, em geral são vendidos por **la pieza** (por unidade); outros itens, como alfaces, podem ser vendidos em lotes de dois ou três.

2 Associe e repita

Associe os itens numerados nesta imagem ao texto do quadro.

1 **los tomates**
los tomates

2 **las judías**
las Hudias

3 **los champiñones**
los tchampinhones

4 **las uvas**
las ubas

5 **los pepinos**
los pepinos

6 **las alcachofas**
las alcatchofas

7 **los guisantes**
los guisantes

8 **los pimientos**
los pimientos

3 Conversação

Quisiera tomates.
Kissiera tomates.

Eu queria tomates.

¿De los grandes o de los pequeños?
De los grandes o de los pekenhos?

Dos grandes ou dos pequenos?

Dos kilos de los pequeños, por favor.
Dos kilos de los pekenhos, por fabor.

Dois quilos dos pequenos, por favor.

Dica cultural Na Espanha circula o dinheiro comum a toda a Europa, o euro, que se divide em 100 **centimos**. Países de fala hispânica nas Américas Central e do Sul têm cada um sua moeda. Argentina, Chile, Uruguai, Colômbia e México usam todos eles o peso, que é dividido em 100 "centavos".

4 Frases úteis

Aprenda estas frases. Depois, cubra as respostas à direita. Leia em português embaixo das imagens e diga a frase em espanhol como mostrado à direita.

Esta salsicha está muito cara.

Esa salchicha es demasiado cara.
Essa saltchitcha es demasiado kara.

Quanto custa esta?

¿A cuánto está esa?
A kuanto esta essa?

É só isso.

Eso es todo.
Esso es todo.

5 Fale

Dois quilos de ervilhas, por favor.

Os cogumelos estão muito caros.

Quanto custam as uvas?

¿Algo más, señorita?
Algo mas, senhorita?

Algo mais, senhorita?

Eso es todo, gracias. ¿Cuánto es?
Esso es todo, graZias. Kuanto es?

Só isso, obrigada. Quanto é?

Tres cincuenta.
Tres cinkuenta.

Três e cinqüenta.

1 Treino

Que itens são estes que você compra no supermercado? (págs.24–5)

la carne
el pescado
el queso
el zumo
el vino
el agua

En el supermercado
No supermercado

Em geral os preços no supermercado são mais baixos do que em lojas menores. Eles vendem todo tipo de produto; os maiores, os **hipermercados**, vendem ainda roupa, produtos para a casa, jardinagem e faça-você-mesmo.

2 Associe e repita

Veja as categorias de produtos numeradas e associe-as às palavras em espanhol no quadro à esquerda.

1 **los productos del hogar**
los produktos del ogar

2 **la fruta**
la fruta

3 **las bebidas**
las bebidas

4 **los platos preparados**
los platos preparados

5 **los productos de belleza**
los produktos de belheZa

6 **los productos lácteos**
los produktos lakteos

7 **la verdura**
la berdura

8 **los congelados**
los konHelados

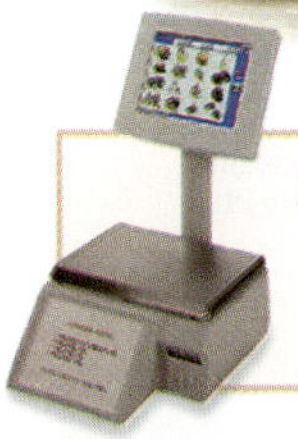

Dica cultural Em geral não é possível levar frutas e verduras não pesadas, vendidas por quilo, direto para o caixa do supermercado. Costuma haver um caixa separado ou uma máquina para você mesmo pesar.

3 Frases úteis

Aprenda estas frases e depois faça um teste, usando a orelha do livro.

Pode me dar uma sacola, por favor?	**¿Me da una bolsa, por favor?** Me da una bolsa, por fabor?

Onde estão as bebidas?	**¿Dónde están las bebidas?** Donde estan las bebidas?

Onde fica o caixa, por favor?	**¿Dónde está la caja, por favor?** Donde esta la kaHa, por fabor?

Por favor, digite sua senha. *(*PIN= Personal Identification Number, número de identificação pessoal)*	**Por favor, meta su PIN*.** Por fabor, meta su pin.

4 Memorize

Decore estas palavras, cubra-as com a orelha do livro e faça um teste.

5 *produtos de beleza*

6 *laticínios*

pão	**el pan** el pan
leite	**la leche** la letche
manteiga	**la mantequilla** la mantekilha
presunto	**el jamón** el Hamon
sal	**la sal** la sal
pimenta	**la pimienta** la pimienta
sabão em pó	**el jabón de lavadora** el Habon de labadora
papel higiênico	**el papel higiénico** el papel iHieniko
fraldas	**los pañales** los panhales

5 Fale

Onde estão os laticínios?

Eu queria um pouco de queijo, por favor.

Onde está a comida congelada?

1 Treino

Diga "Eu gostaria...". (págs. 22–3)

Pergunte "Você tem ...?" (págs. 14–5)

Diga "38", "42" e "46". (págs. 10–1 e 30–1)

Diga "grande", "pequeno", "maior" e "menor". (págs. 64–5)

La ropa y los zapatos

Roupas e calçados

Medidas de roupas e calçados vão do 36 em diante. A numeração equivale à do Brasil, mas as roupas espanholas podem ter corte menor que as nossas. O tamanho da roupa é **la talla**; o dos sapatos, **el número**.

2 Associe e repita

Associe os itens numerados às palavras em espanhol da lista à esquerda. Faça um teste, usando a orelha do livro.

1 **la camisa**
la kamissa

2 **la corbata**
la korbata

3 **la chaqueta**
la tchaketa

4 **el bolsillo**
el bolsilho

5 **la manga**
la manga

6 **el pantalón**
el pantalon

7 **la falda**
la falda

8 **las medias**
las medias

9 **los zapatos**
los Zapatos

Dica cultural Nas peças de vestuário, a Espanha emprega o mesmo sistema de tamanhos que o resto da Europa continental. Os tamanhos das roupas femininas geralmente variam do 36 ao 46, e os dos calçados, do tamanho 37 ao 45. Para camisas masculinas, a numeração acompanha mais ou menos a nossa.

3 Frases úteis

Aprenda estas frases e depois faça um teste, usando a orelha do livro.

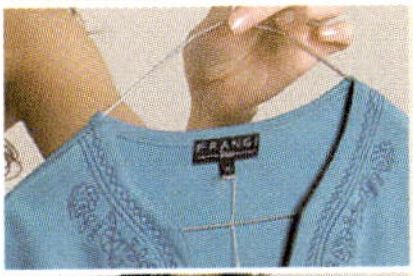

Tem um tamanho maior?

¿Tiene una talla más grande?
Tiene una talha mas grande?

Não é o que eu quero.

No es lo que quiero.
No es lo ke kiero.

Vou ficar com o cor-de-rosa.

Me quedo con el rosa.
Me kedo kon el rossa.

4 Memorize

Cores são adjetivos (págs. 64–5), e têm uma forma masculina e outra feminina, terminadas respectivamente em "a" e "o", como em português.

vermelho/a	**rojo/a** roHo/a
branco/a	**blanco/a** blanko/a
azul	**azul** aZul
amarelo/a	**amarillo/a** amarilho/a
verde	**verde** berde
preto/a	**negro/a** negro/a

5 Fale

Que número de calçado?

Tem um paletó preto?

Tem tamanho 38?

Tem um tamanho menor?

Repase y repita
Reveja e repita

Respuestas
Respostas
Cubra com a orelha.

1 Mercado

1 **las alcachofas**
las alkatchofas

2 **los tomates**
los tomates

3 **los guisantes**
los guisantes

4 **los pimientos**
los pimientos

5 **las judías**
las Hudias

2 Descrição

1 *Os sapatos são muito caros.*

2 *Meu quarto é muito pequeno.*

3 *Preciso de uma cama mais macia.*

3 Lojas

1 **la panadería**
la panaderia

2 **la joyería**
la Hoieria

3 **la librería**
la libreria

4 **la pescadería**
la peskaderia

5 **la pastelería**
la pasteleria

6 **la carnicería**
la karniZeria

1 Mercado

Nomeie em espanhol os itens numerados.

2 Descrição

O que estas frases significam?

1 **Los zapatos son demasiado caros.**

2 **Mi habitación es muy pequeña.**

3 **Necesito una cama más blanda.**

3 Lojas

Diga o nome desses estabelecimentos em espanhol. Depois confira suas respostas.

1 *padaria*

2 *joalheria*

3 *livraria*

4 *peixaria*

5 *doceria*

6 *açougue*

4 Supermercado

Qual o nome em espanhol dessas categorias de produtos numeradas?

5 Museu

Acompanhe esta conversação, respondendo em espanhol, seguindo o texto em português.

Buenos días. ¿Qué desean?
1 *Gostaria de cinco entradas.*

Son setenta y cinco euros.
2 *É muito caro!*

No hacemos descuentos a los niños.
3 *Quanto custa um guia?*

Quince euros.
4 *Está bem. E cinco entradas, por favor.*

Noventa euros, por favor.
5 *Aqui está. Onde fica o banheiro?*

A la derecha.
6 *Muito obrigado.*

Respuestas
Respostas
Cubra com a orelha.

4 Supermercado

1 **los productos del hogar**
los produktos del ogar

2 **los productos de belleza**
los produktos de belheZa

3 **las bebidas**
las bebidas

4 **los productos lácteos**
los produktos lakte-os

5 **los congelados**
los konHelados

5 Museu

1 **Quisiera cinco entradas.**
Kissiera Zinko entradas.

2 **¡Es muy caro!**
Es mui karo!

3 **¿Cuánto cuesta una guía?**
Kuanto kuesta una guia?

4 **Bien. Y cinco entradas, por favor.**
Bien. I Zinko entradas, por fabor.

5 **Aquí tiene. ¿Dónde están los servicios?**
Aki tiene. Donde estan los serbiZios?

6 **Muchas gracias.**
Mutchas graZias.

1 Treino

Pergunte "De que plataforma?" (págs. 38–9)

Diga em espanhol o nome destes membros da família: irmã, irmão, mãe, pai, filho e filha. (págs. 10–1)

Ocupaciones
Profissões

Como em português, há ocupações que têm os dois gêneros, masculino e feminino – por exemplo, **enfermero** (*enfermeiro*) e **enfermera** (*enfermeira*). Outras são invariáveis. Ao descrever sua ocupação, você não precisa usar **un/una** (*um/uma*): basta dizer, por exemplo, **soy abogado** (*sou advogado*).

2 Memorize: profissões

Decore estas palavras e faça o teste, usando a orelha do livro. Foi incluída a alternativa para o feminino.

médico mediko	*médico/a*
dentista dentista	*dentista*
enfermero/a enfermero/a	*enfermeiro/a*
profesor/sora professor/ssora	*professor/a*
abogado/a abogado/a	*advogado/a*
contable kontable	*contador/a*
diseñador/dora dissenhador/dora	*designer*
consultor/a konsultor/a	*consultor/a*
secretario/a sekretario/a	*secretário/a*
comerciante komerZiante	*comerciante*
electricista elektriZista	*eletricista*
fontanero/a fontanero/a	*encanador*
cocinero/a koZinero/a	*cozinheiro/a*
albañil albanhil	*pedreiro*
autónomo/a autonomo/a	*autônomo/a*

Soy fontanero.
Soi fontanero.
Sou encanador.

Es estudiante.
Es estudiante.
É estudante.

3 Pratique

Participe deste diálogo. Leia em espanhol na coluna da esquerda e siga as instruções para dar sua resposta. Depois faça o teste.

¿Cuál es su profesión?
Kual es su profession?
Qual é sua profissão?

Diga: Eu sou consultor.

Soy consultor.
Soi konsultor.

¿Para qué empresa trabaja?
Para ke empressa trabaHa?
Para que empresa você trabalha?

Diga: Sou autônomo.

Soy autónomo.
Soi autonomo.

¡Qué interesante!
Ke interessante!
Que interessante!

Pergunte: E qual é a sua profissão?

¿Y cuál es su profesión?
I kual es su profession?

Soy dentista.
Soi dentista.
Sou dentista.

Diga: Minha irmã também é dentista.

Mi hermana es dentista también.
Mi ermana es dentista tambien.

4 Memorize: no trabalho

Decore estas palavras, cubra-as com a orelha do livro e faça um teste.

La oficina central está en Madrid.
La ofiZina central esta en madrid.
A sede fica em Madri.

filial	**la sucursal** la sukurssal
departamento	**el departamento** el departamento
chefe	**el jefe** el Hefe
empregado	**el empleado** el empleado
recepção	**la recepción** la recepZion
aprendiz	**el aprendiz** el aprendiZ

1 Treino

Pratique diferentes maneiras de se apresentar em diferentes situações (págs. 8–9). Mencione seu nome, ocupação (págs. 78–9) e qualquer outra informação que queira prestar.

La oficina
Escritório

O ambiente de escritório e as situações de negócios têm seu próprio jargão em qualquer língua, mas alguns termos são universais. Note que o teclado de computador espanhol é diferente do teclado QWERTY convencional, em inglês; ele inclui sinais como o **ñ**, vogais com acento, além de **¡**, e **¿**.

2 Memorize

Decore estas palavras. Leia-as em voz alta várias vezes e tente memorizá-las. Cubra a coluna em espanhol com a orelha do livro e faça o teste.

el monitor el monitor	*monitor*
el ratón el raton	*mouse*
el correo electrónico el korreo elektroniko	*e-mail*
el internet el internet	*internet*
la contraseña la kontrassenha	*senha*
la mensajería de voz la mensaHeria de bos	*correio de voz*
el fax el fax	*fax*
la fotocopiadora la fotokopiadora	*fotocopiadora*
la agenda la aHenda	*agenda*
la tarjeta de visita la tarHeta de bissita	*cartão de visitas*
la reunión la reunion	*reunião*
la conferencia la konferenZia	*conferência*
el orden del día el orden del dia	*agenda*

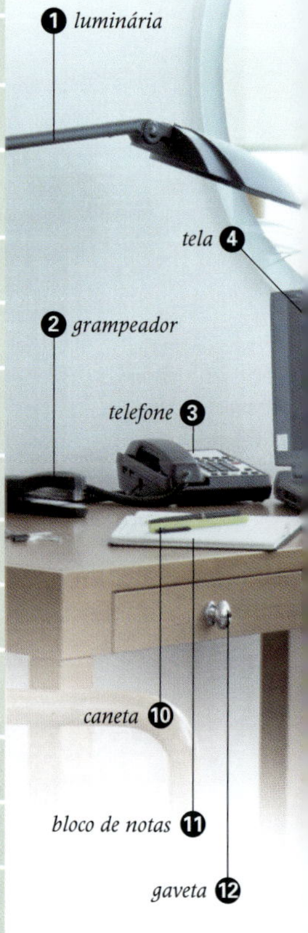

3 Frases úteis

Aprenda estas frases e depois faça um teste, usando a orelha do livro.

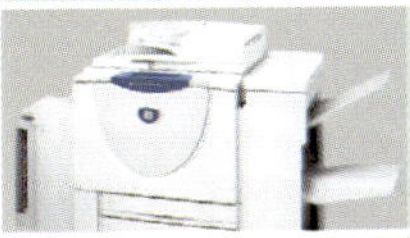

Preciso fazer algumas fotocópias.

Necesito hacer unas fotocopias.
Necessito aZer unas fotokopias.

Gostaria de marcar um encontro.

Quisiera organizar una cita.
Kissiera organissar una Zita.

Quero mandar um e-mail.

Quiero mandar un correo electrónico.
Kiero mandar un korreo elektroniko.

4 Associe e repita

Associe os itens numerados às palavras em espanhol na lista à direita.

1 **la lámpara**
la lampara

2 **la grapadora**
la grapadora

3 **el teléfono**
el telefono

4 **la pantalla**
la pantalha

5 **el teclado**
el teklado

6 **el ordenador**
el ordenador

7 **la mesa de escritorio**
la messa de eskritorio

8 **el reloj**
el reloH

9 **la impresora**
la impressora

10 **el bolígrafo**
el boligrafo

11 **el bloc**
el blok

12 **el cajón**
el kaHon

13 **la silla giratoria**
la silha Hiratoria

5 Fale

Gostaria de marcar uma conferência.

Preciso mandar um fax.

Você tem e-mail?

1 Treino

Diga "biblioteca" e "Que interessante!" (págs. 48–9, págs. 78–9)

Pergunte "Qual é a sua profissão?" e responda "Eu sou engenheiro". (págs. 78–9)

El mundo académico

Mundo acadêmico

Na Espanha os estudantes são escolhidos para uma faculdade (**una licenciatura**) pela média das notas no ciclo colegial e por um exame. Depois, é possível fazer **un máster** (mestrado) ou **un doctorado** (doutorado).

2 Frases úteis

Aprenda estas frases e depois faça um teste, usando a orelha do livro.

¿Cuál es su especialidad?
Kual es su espeZialidad?

Qual é sua especialidade?

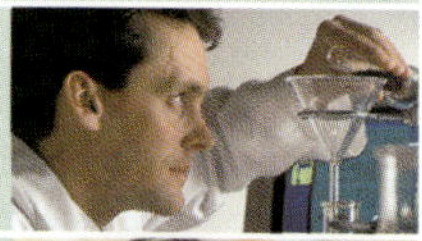

Hago investigación en bioquímica.
Ago inbestigaZion en biokimika.

Faço pesquisa em bioquímica.

Soy licenciado en derecho.
Soy licenZiado en deretcho.

Sou formado em direito.

Voy a dar una conferencia sobre arquitectura.
Boi a dar una kon-ferenZia sobre arkitektura.

Vou dar uma palestra sobre arquitetura.

3 Conversação

Hola, soy la profesora Fernández.
Ola, soy la professora fernandez.

Olá, sou a professora Fernandez.

¿De qué universidad es usted?
De ke unibersidad es usted?

De que universidade a senhora é?

De la Universidad de Murcia.
De la unibersidad de murZia.

Da Universidade de Múrcia.

4 Memorize

Decore estas palavras, cubra-as com a orelha do livro e faça um teste.

Tenemos un stand en la feria.
Tenemos un estand en la feria.
Temos um estande na feira.

conferência/palestra	**la conferencia** la konferenZia
a feira	**la feria** la feria
o seminário	**el seminario** el seminario
o anfiteatro	**el anfiteatro** el anfiteatro
a sala de conferências	**la sala de conferencias** la sala de konferenZias
a exposição	**la exposición** la eksposiZion
a biblioteca	**la biblioteca** la biblioteka
o professor universitário	**el profesor de universidad** el professor de unibersidad
o catedrático	**el catedrático** el katedratiko
medicina	**medicina** mediZina
ciências	**ciencias** ZienZias
literatura	**literatura** literatura
engenharia	**ingeniería** inHenieria

5 Fale

Estou fazendo pesquisa em medicina.

Sou formado em literatura.

Ela é a professora.

¿Cuál es su especialidad?
Kual es su espeZialidad?

Qual é a sua especialidade?

Hago investigación en ingeniería.
Ago inbestigaZion en inHenieria.

Estou fazendo pesquisas em engenharia.

¡Qué interesante! Yo también.
Ke interessante! Io tambien.

Que interessante! Eu também.

Los negocios
Negócios

Você terá uma recepção mais amigável e causará boa impressão se fizer um esforço para iniciar uma entrevista de negócios com uma curta introdução em espanhol, mesmo que seu vocabulário seja limitado. Depois, ambas as partes poderão continuar a entrevista em outro idioma.

1 Treino

Pergunte "Posso ...?" (págs. 34–5)

Diga "Quero mandar um e-mail". (págs. 80–1)

Diga "Gostaria de marcar uma hora." (págs. 80–1)

2 Memorize

Familiarize-se com estas palavras e então faça o teste cobrindo a coluna em espanhol com a orelha do livro.

el programa el programa	*programação*
la entrega la entrega	*entrega*
el pago el pago	*pagamento*
el presupuesto el pressupuesto	*orçamento*
el precio el preZio	*preço*
el documento el dokumento	*documento*
la factura la faktura	*fatura*
la propuesta la propuesta	*proposta*
los beneficios los benefiZios	*benefícios*
las ventas las bentas	*vendas*
los números los numeros	*números*

Dica cultural Um longo almoço regado a vinho ainda é um aspecto comum ao se fazer negócios na Espanha. Como um cliente em visita, é provável que você seja convidado a ir a um restaurante; como fornecedor, pense na probabilidade de precisar entreter seus clientes.

3 Frases úteis

Aprenda estas úteis frases de negócios e depois faça o teste, usando a orelha do livro.

¿Firmamos el contrato?
Firmamos el kontrato?
Vamos assinar o contrato?

Por favor, me mande o contrato.

Me manda el contrato, por favor.
Me manda el kontrato, por fabor.

el ejecutivo
el eHekutibo
executivo

Já definimos uma programação?

¿Hemos acordado un programa?
Emos akordado un programa?

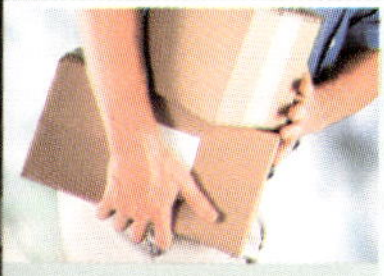

Quando vocês podem entregar?

¿Cuándo puede hacer la entrega?
Kuando puede aZer la entrega?

Qual é o orçamento?

¿Cuál es el presupuesto?
Kual es el pressupuesto?

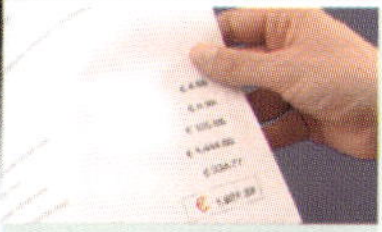

Você pode me mandar a fatura?

¿Me puede mandar la factura?
Me puede mandar la faktura?

el contrato
el kontrato
contrato

4 Fale

Você pode me mandar o orçamento?

Nós combinamos um preço?

Quais são os benefícios?

Repase y repita
Reveja e repita

Respuestas
Respostas
Cubra com a orelha.

1 No escritório

1 **la grapadora**
la grapadora

2 **la lámpara**
la lampara

3 **el ordenador**
el ordenador

4 **el bolígrafo**
el boligrafo

5 **el reloj**
el reloH

6 **el bloc**
el blok

7 **la mesa de escritorio**
la messa de eskritorio

2 Profissões

1 **médico**
mediko

2 **fontanero/a**
fontanero/a

3 **comerciante**
komerZiante

4 **contable**
kontable

5 **estudiante**
estudiante

6 **abogado/a**
abogado/a

1 No escritório

Diga o nome desses itens.

2 Profissões

Nomeie essas ocupações em espanhol.

1 *médico*
2 *encanador*
3 *comerciante*
4 *contador*
5 *estudante*
6 *advogado*

3 Trabalho

Responda às perguntas seguindo o texto em português.

¿Para qué empresa trabaja?
1 *Diga: Sou autônomo.*

¿En qué universidad está?
2 *Diga: Estou na Universidade de Salamanca.*

¿Cuál es su especialidad?
3 *Diga: Estou fazendo pesquisa em medicina.*

¿Hemos acordado un programa?
4 *Diga: Sim, minha secretária tem a programação.*

4 Quanto?

Responda às perguntas com o valor mostrado entre parênteses.

1 ¿Cuánto cuesta el desayuno? (€3.50)

2 ¿Cuánto cuesta la habitación? (€47)

3 ¿Cuánto cuesta un kilo de tomates? (€3.25)

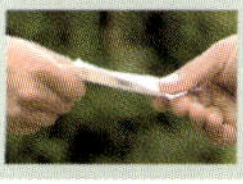
4 ¿Cuánto cuesta un plaza para cuatro noches? (€60)

Respuestas
Respostas
Cubra com a orelha.

3 Trabalho

1 **Soy autónomo.**
Soi autonomo.

2 **Estoy en la Universidad de Salamanca.**
Estoi en la unibersidad de salamanka.

3 **Hago investigación en medicina.**
Ago inbestigaZion en mediZina.

4 **Sí, mi secretaria tiene el programa.**
Si. Mi sekretaria tiene el programa.

4 Quanto?

1 **Son tres euros cincuenta.**
Son tres euros Zinkuenta.

2 **Son cuarenta y siete euros.**
Son kuarenta i siete euros.

3 **Son tres euros veinticinco.**
Son tres euros beintiZinko.

4 **Son sesenta euros.**
Son sessenta euros.

1 Treino

Diga "Sou alérgico a nozes". (págs. 24–5)

Conjugue o verbo "tener" (ter) em todas as pessoas: yo, tú, él/ella, nosotros(as), vosotros(as), ellos (as). (págs. 14–5)

En la farmacia
Na farmácia

Os farmacêuticos espanhóis têm qualificação para indicar e vender remédios, e também para aviar receitas. Geralmente existe em toda cidade alguma **farmacia de guardia** (*farmácia de plantão*), que oferece atendimento 24 horas por dia – uma lista delas é afixada em cada farmácia.

2 Associe e repita

Associe os itens numerados às palavras em espanhol da lista à esquerda e faça o teste, usando a orelha do livro.

1 **la venda**
la benda

2 **el jarabe**
el Harabe

3 **las gotas**
las gotas

4 **la tirita**
la tirita

5 **la jeringuilla**
la Heringuilha

6 **la crema**
la krema

7 **el supositorio**
el supositorio

8 **la pastilla**
la pastilha

3 Conversação

Buenos días, señor. ¿Qué desea?
Buenos días, senhor. ke dessea?

Bom-dia, senhor. O que deseja?

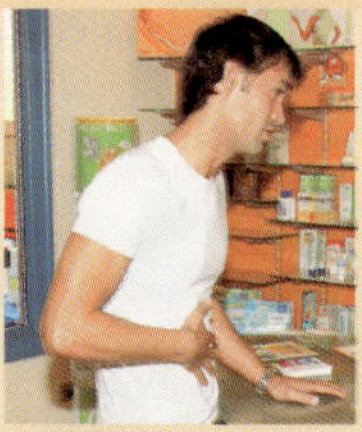

Tengo dolor de estómago.
Tengo dolor de estomago.

Estou com dor de estômago.

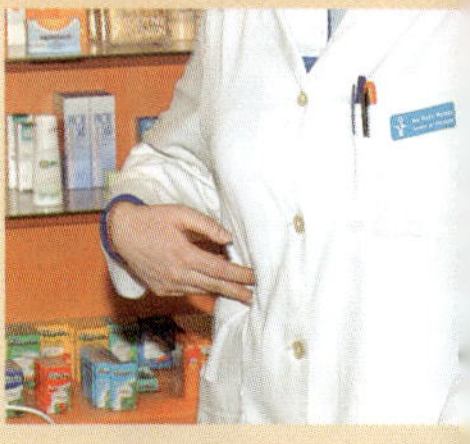

¿Tiene diarrea?
Tiene diarrea?

Tem diarréia?

4 Memorize

Decore estas palavras, cubra-as com a orelha do livro e faça um teste.

Tengo dolor de cabeza.
Tengo dolor de kabeZa.
Estou com dor de cabeça.

a dor de cabeça	**el dolor de cabeza** el dolor de kabeZa
a dor de estômago	**el dolor de estómago** el dolor de estomago
a diarréia	**la diarrea** la diarrea
o resfriado	**el resfriado** el resfriado
a tosse	**la tos** la tos
a insolação	**la insolación** la insolaZion
a dor de dente	**el dolor de muelas** el dolor de muelas

6 Fale

Estou resfriado.

Você tem isso em pomada?

Ele está com dor de dente.

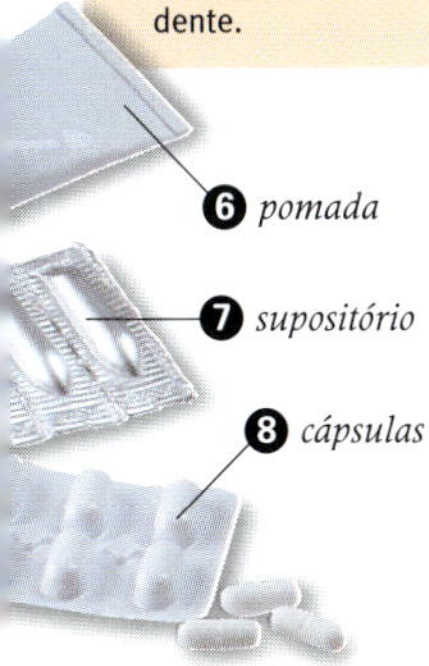

5 Frases úteis

Aprenda estas frases e depois faça um teste, usando a orelha do livro.

Estou com insolação.	**Tengo una insolación.** Tengo una inssolaZion.
Você tem isso em xarope?	**¿Lo tiene en jarabe?** Lo tiene en Harabe?
Sou alérgico a penicilina.	**Soy alérgico a la penicilina.** Soi alerHiko a la peniZilina.

No, pero tengo dolor de cabeza.
No, pero tengo dolor de kabeZa.

Não, mas estou com dor de cabeça.

Aquí tiene.
Aki tiene.

Aqui está.

¿Lo tiene en pastilla?
Lo tiene en pastilla?

Você tem em comprimidos?

1 Treino

Diga "Estou com dor de dente" e "Estou com insolação". (págs. 88–9)

Diga em espanhol: "vermelho", "verde", "preto" e "amarelo". (págs. 74–5)

El cuerpo
Corpo

O mais provável é que você precise se referir às partes do corpo numa situação de doença – por exemplo, ao descrever dores para um médico. As frases mais comuns para se referir a algum desconforto são **Tengo un dolor en la/el...** (*Estou com uma dor no/na...*) e **Me duele la/el...** (*Me dói o/a...*).

2 Associe e repita: corpo

Associe as partes numeradas do corpo à lista da esquerda. Faça o teste usando a orelha do livro.

1 **la mano**
la mano

2 **la cabeza**
la kabeZa

3 **el hombro**
el ombro

4 **el codo**
el kodo

5 **el pelo**
el pelo

6 **el brazo**
el braZo

7 **el cuello**
el kuelho

8 **el pecho**
el petcho

9 **el estómago**
el estomago

10 **la pierna**
la pierna

11 **la rodilla**
la rodilha

12 **el pie**
el pie

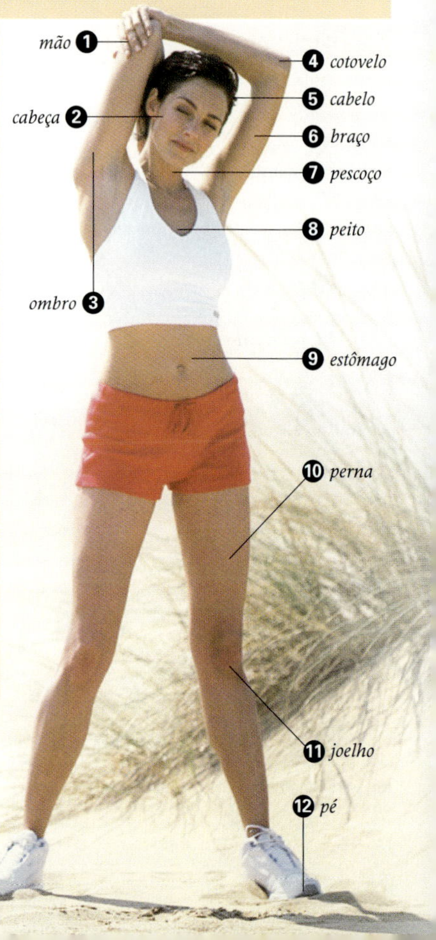

3 Associe e repita: rosto

Associe os traços faciais numerados à lista da direita.

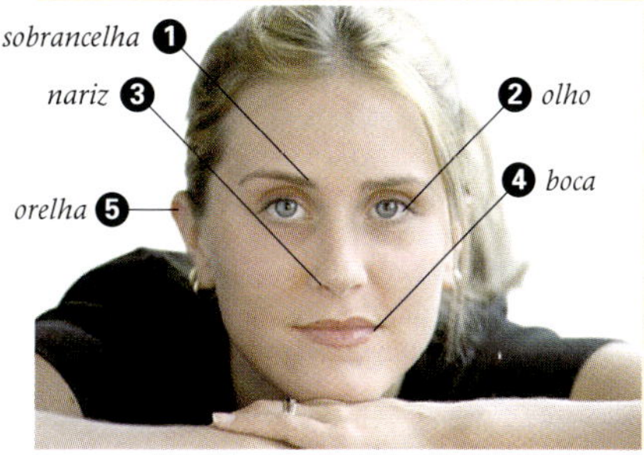

1	**la ceja** la ZeHa
2	**el ojo** el oHo
3	**la nariz** la nariz
4	**la boca** la boka
5	**la oreja** la oreHa

4 Frases úteis

Aprenda estas frases e depois faça um teste, usando a orelha do livro.

Estou com uma dor nas costas.

Tengo un dolor en la espalda.
Tengo un dolor en la espalda.

Estou com uma erupção no braço.

Tengo un sarpullido en el brazo.
Tengo un sarpulhido en el braZo.

Não estou me sentindo bem.

No me encuentro bien.
No me enkuentro bien.

5 Pratique

Acompanhe este diálogo e faça o teste, usando a orelha do livro.

¿Cuál es el problema?
Kual es el problema?
Qual é o problema?

Diga: Não estou me sentindo bem.

No me encuentro bien.
No me enkuentro bien.

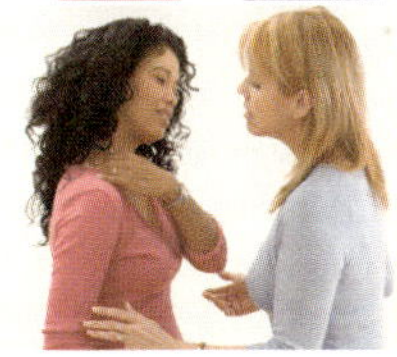

¿Dónde le duele?
Donde le duele?
Onde é que dói?

Diga: Estou com uma dor no ombro.

Tengo un dolor en el hombro.
Tengo un dolor en el ombro.

1 Treino

Diga "Preciso de umas cápsulas". (págs. 60–1, 88–9)

Diga "Ele precisa de uma pomada". (págs. 88–9)

Diga em espanhol: "Eu não tenho filhos". (págs. 14–5)

En el médico
No médico

Exceto em casos de emergência, você terá de marcar consulta com o médico e pagar na saída. Talvez você possa pedir o reembolso ao seu plano de saúde. O seu hotel, a farmácia local ou o centro de informação turística poderão fornecer-lhe os nomes e endereços dos médicos locais.

2 Frases úteis

Aprenda estas frases e depois faça um teste usando a orelha do livro para cobrir o texto em espanhol à esquerda.

No es grave. No es grave.	*Não é grave.*
Necesita hacerse unas pruebas. NeZessita aZerse unas pruebas.	*Você precisa fazer alguns exames.*
Tiene una infección de riñón. Tiene una infekZion de rinhon.	*Você está com uma infecção nos rins.*
Necesita ir al hospital. NeZessita ir al ospital.	*Você precisa ir ao hospital.*

Le voy a dar una receta.
Le boi a dar una reZeta.
Eu vou lhe dar uma receita.

3 Conversação

¿Cuál es el problema?
Kual es el problema?

Qual é o problema?

Tengo un dolor en el pecho.
Tengo un dolor en el petcho.

Estou com uma dor no peito.

Déjeme que la examine.
DeHeme ke la eksamine.

Deixe-me examiná-la.

Dica cultural Em países da União Européia você tem acesso a tratamento médico de urgência gratuito, se tiver o Cartão Europeu de Seguro Saúde ou um formulário E111. Para ambulância, disque 112.

4 Frases úteis que talvez você precise dizer

Aprenda estas frases e depois faça um teste, usando a orelha do livro.

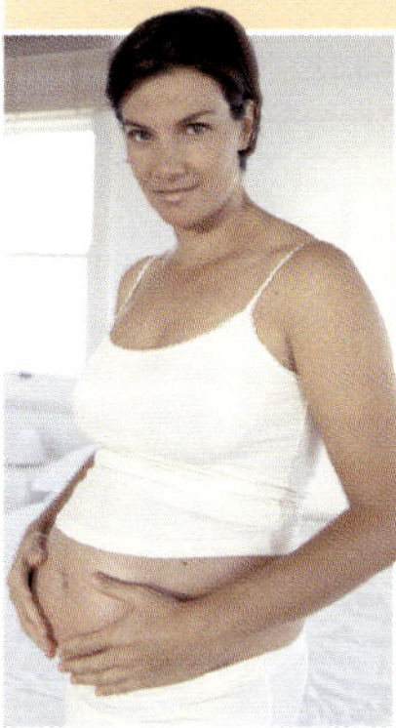

Estoy embarazada.
Estoi embaraZada.
Estou grávida.

Sou diabético/a.	**Soy diabético/a.** soi diabetiko/a
Sou epiléptico/a.	**Soy epiléptico/a.** soi epileptiko/a
Sou asmático/a.	**Soy asmático/a.** soi asmatiko/a
Tenho problemas de coração.	**Tengo un problema de corazón.** tengo un problema de koraZon
Estou com febre.	**Tengo fiebre.** tengo fiebre
Estou enjoado.	**Estoy mareado.** estoy mareado
É urgente.	**Es urgente.** es urHente

5 Fale

Meu fiho é diabético.

Estou com uma dor no braço.

Não é urgente.

¿Es grave?
Es grave?

É grave?

No, sólo tiene indigestión.
No, solo tiene indiHestion.

Não, é só uma indigestão.

¡Menos mal!
Menos mal!

Ainda bem!

1 Treino

Pergunte "Quanto demora a viagem?" (págs. 42–3)

Pergunte "É grave?" (págs. 92–3)

Como se diz em espanhol: "boca" e "cabeça"? (págs. 90–1)

En el hospital
No hospital

É útil conhecer algumas frases básicas relacionadas a hospitais e tratamento médico para poder usar em alguma emergência, ou caso você precise visitar um amigo ou colega no hospital. A maioria dos hospitais espanhóis tem apenas duas camas por quarto com seu próprio banheiro.

2 Frases úteis

Aprenda estas frases. Cubra o texto em espanhol com a orelha do livro e faça o teste.

¿Cuáles son las horas de visita? Kuales son las oras de bissita?	*Quais são os horários de visita?*
¿Cuánto tiempo va a tardar? Kuanto tiempo ba a tardar?	*Quanto tempo vai levar?*
¿Va a doler? Ba a doler?	*Vai doer?*
Túmbese aquí por favor. Tumbese aki por fabor.	*Por favor, deite-se aqui.*
No puede comer nada. No puede komer nada.	*Você não pode comer nada.*
No mueva la cabeza. No mueba la kabeZa.	*Não mexa a cabeça.*
Abra la boca por favor. Abra la boka por fabor.	*Por favor, abra a boca.*
Necesita un análisis de sangre. NeZessita un analisis de sangre.	*Você precisa de um exame de sangue.*

el gotero
el gotero
soro

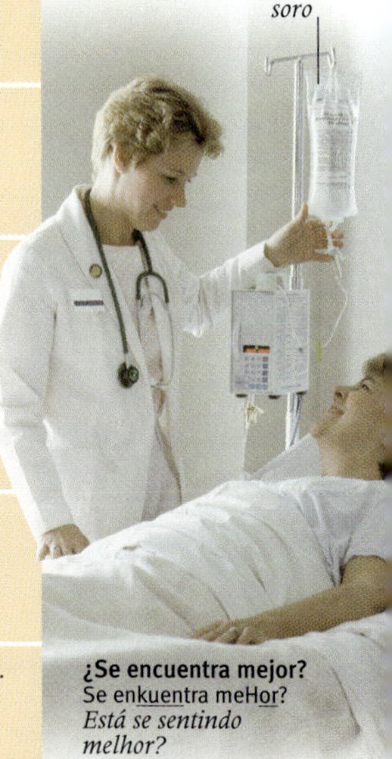

¿Se encuentra mejor?
Se enkuentra meHor?
Está se sentindo melhor?

¿Dónde está la sala de espera?
Donde esta la sala de espera?
Onde fica a sala de espera?

3 Memorize

Decore estas palavras, cubra-as com a orelha do livro e faça um teste.

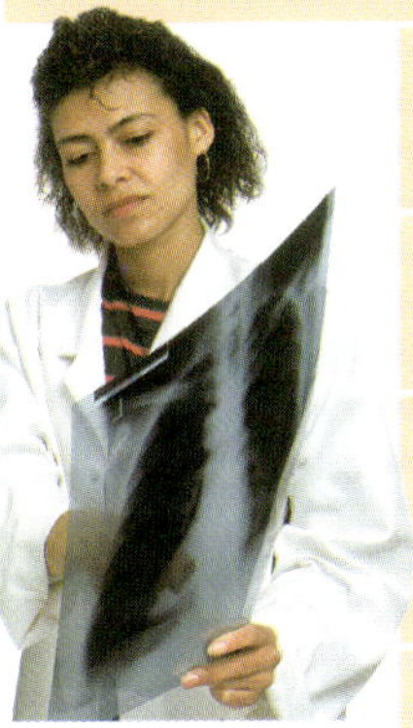

Su radiografía es normal.
Su radiografia es normal.
Seu raio X está normal.

setor de emergência	**el servicio de urgencias** el serbiZio de urHenZias
setor de raio X	**el servicio de radiología** el serbiZio de radioloHia
sala de pediatria	**la sala de pediatría** la sala de pediatria
sala de cirurgia	**el quirófano** el kirofano
sala de espera	**la sala de espera** la sala de espera
escada	**las escaleras** las eskaleras

4 Pratique

Acompanhe esta conversação. Cubra o texto da direita com a orelha do livro e complete as respostas do diálogo em espanhol. Confira suas respostas e repita o exercício se preciso.

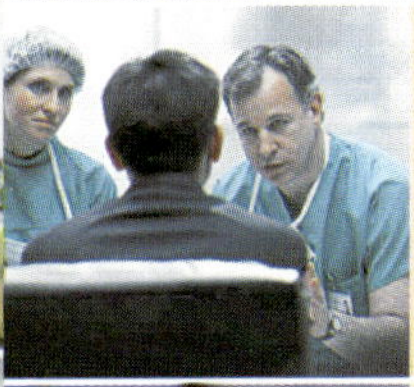

Tiene una infección. tiene una infekZion *Você está com uma infecção.* *Pergunte: Preciso fazer exames?*	**¿Necesito hacerme pruebas?** NeZessito aZerme pruebas.

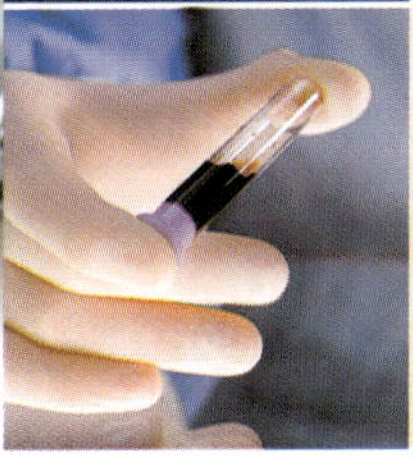

Primero necesita un análisis de sangre. primero neZessita un analisis de sangre *Primeiro vai precisar de um exame de sangue.* *Pergunte: Vai doer?*	**¿Me va a doler?** Me ba a doler?
No, no se preocupe. No, no se preokupe. *Não, não se preocupe.* *Pergunte: Quanto tempo vai demorar?*	**¿Cuánto tiempo va a tardar?** Kuanto tiempo ba a tardar?

5 Fale

Ele precisa fazer exame de sangue?

Onde fica a sala de pediatria?

Eu preciso tirar raio X?

Repase y repita
Reveja e repita

Respuestas
Respostas
Cubra com a orelha.

1 O corpo

1 **la cabeza**
la kabeZa

2 **el brazo**
el braZo

3 **el pecho**
el petcho

4 **el estómago**
el estomago

5 **la pierna**
la pierna

6 **la rodilla**
la rodilha

7 **el pie**
el pie

1 O corpo

Diga o nome das partes numeradas do corpo em espanhol.

2 Por telefone

1 **Quisiera hablar con Ana Flores.**
Kissiera ablar kon ana flores.

2 **Luis Cortés, de Don Frío.**
Luis kortes de don frio.

3 **¿Puedo dejar un mensaje?**
Puedo deHar un mensaHe?

4 **La cita el lunes a las once está bien.**
La Zita el lunes a las onZe esta bien.

5 **Gracias, adiós.**
GraZias, adios.

2 Por telefone

Você está marcando um compromisso. Acompanhe a conversação e repita em espanhol, seguindo o texto em português.

Dígame, Apex Finanzas.
1 *Eu gostaria de falar com Ana Flores.*

¿De parte de quién?
2 *Luis Cortés, da Don Frío.*

Lo siento, está comunicando.
3 *Posso deixar um recado?*

Sí, dígame.
4 *O compromisso na segunda às 11 está perfeito.*

Muy bien, adiós.
5 *Obrigado, até logo.*

Respuestas
Respostas
Cubra com a orelha.

3 Vestuário

Dê o nome em espanhol dos itens numerados de vestuário.

3 Vestuário

1 **la corbata**
la korbata

2 **la chaqueta**
la tchaketa

3 **el pantalón**
el pantalon

4 **la falda**
la falda

5 **los zapatos**
los sapatos

6 **las medias**
las medias

4 No médico

Diga estas frases em espanhol.

1 *Não estou me sentindo bem.*

2 *Tenho problema de coração.*

3 *Preciso ir para o hospital?*

4 *Estou grávida.*

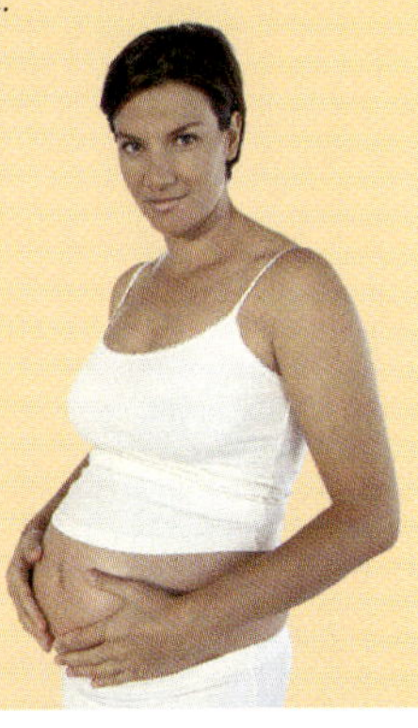

4 No médico

1 **No me encuentro bien.**
No me enkuentro bien.

2 **Tengo un problema de corazón.**
Tengo un problema de koraZon.

3 **¿Necesito ir al hospital?**
NeZessito ir al ospital.

4 **Estoy embarazada.**
Estoi embaraZada.

1 Treino

Diga os meses do ano em espanhol. (págs. 28–9)

Pergunte "Tem estacionamento?" e "Tem banheiro?" (págs. 48–9 e 62-3)

En casa
Em casa

Muitos habitantes da cidade moram em blocos de apartamentos (**edificios**), mas nas áreas rurais as casas tendem a ser isoladas (**chalet**). Se quiser saber o tamanho, pergunte qual a área em metros quadrados. Se quiser saber quantos são os quartos de dormir, pergunte **¿Cuántos dormitorios hay?**.

2 Associe e repita

Associe os itens numerados à lista e faça o teste, usando a orelha.

1 **la chimenea**
la tchimenea

2 **la ventana**
la bentana

3 **el tejado**
el teHado

4 **la terraza**
la terraZa

5 **la persiana**
la persiana

6 **el muro**
el muro

7 **la puerta**
la puerta

8 **el garaje**
el garaHe

Dica cultural É difícil ver uma casa na Espanha que não tenha persianas em cada janela. Elas são fechadas à noite e com freqüência também no calor dos dias de verão. Cortinas, quando há, tendem a ser mais para fins de decoração. Carpetes não são comuns nas casas espanholas; piso cerâmico ou de parquete com tapetes são uma solução mais usual para pisos.

3 Memorize

Decore estas palavras, cubra-as com a orelha do livro e faça um teste.

¿Cuánto es el alquiler al mes?
Kuanto es el alkiler al mes?
Quanto é o aluguel por mês?

quarto	**la habitación** la abitaZion
chão	**el suelo** el suelo
teto	**el techo** el tetcho
quarto de dormir	**el dormitorio** el dormitorio
banheiro	**el cuarto de baño** el kuarto de banho
cozinha	**la cocina** la koZina
sala de jantar	**el comedor** el komedor
sala de estar	**el cuarto de estar** el kuarto de estar
porão	**el sótano** el sotano
sótão	**el ático** el atiko

4 Frases úteis

Aprenda estas palavras e faça o teste.

Tem garagem?

¿Hay un garaje?
Ai un garaHe?

Quando fica disponível?

¿Cuándo está disponible?
Kuando esta disponible?

Está mobiliado?

¿Está amueblado?
Esta amueblado?

5 Fale

Tem sala de jantar?

É grande?

Vai estar disponível em julho?

1 Treino

Como se diz em espanhol: "mesa", "cadeira", "banheiro(s)" e "cortinas"? (págs. 20–1, 80–1, 52–3, 60–1)

Diga "bonito", "macio" e "grande". (págs. 64–5)

En la casa
Dentro de casa

Se você vai alugar uma casa de férias na Espanha, a opção mais usual é alugá-la por um mês inteiro, ou por uma **quincena**, ou seja, os primeiros ou últimos quinze dia de um mês. Veja antes se o custo das facilidades está incluído no aluguel. A maioria das casas de férias não tem telefone.

2 Associe e repita

Associe os itens numerados à lista da esquerda. Depois faça o teste cobrindo o texto em espanhol com a orelha do livro.

1 **la encimera**
la enZimera

2 **el fregadero**
el fregadero

3 **el microondas**
el mikroondas

4 **el horno**
el orno

5 **la cocina**
lah koZina

6 **el frigorífico**
el frigorifiko

7 **la mesa**
la mesa

8 **la silla**
la silha

3 Conversação

Este es el horno.
Este es el orno.

Este é o forno.

¿Hay también un lavavajillas?
Ai tambien un lababaHilhas?

Tem também máquina de lavar pratos?

Sí, y hay un congelador grande.
Si, i ai un konHelador grande.

Sim, e tem também uma geladeira grande.

4 Memorize

Decore estas palavras, cubra-as com a orelha do livro e faça um teste.

El sofá es nuevo.
El sofa es nuebo.
O sofá é novo.

o armário	**el armario** el armario
o sofá	**el sofá** el sofa
a lareira	**la chimenea** la chimenea
o carpete	**la moqueta** la moketa
a banheira	**la bañera** lah banhera
a privada	**el váter** el bater
a pia do banheiro	**el lavabo** el lababo

5 Frases úteis

Aprenda estas frases e depois faça o teste.

O fogão não funciona.	**La cocina no funciona.** La koZina no funZiona.
Não gostei das cortinas.	**No me gustan las cortinas.** No me gustan las kortinas.
A eletricidade está incluída?	**¿Está incluida la electricidad?** Esta inkluida la elektriZidad?

6 Fale

Tem microondas?

Eu gosto da lareira.

Que sofá macio!

Todo está muy nuevo.
Todo esta mui nuebo.

Tudo está bem novo.

Y aquí está la lavadora.
I aki esta la labadora.

E aqui está a máquina de lavar roupa.

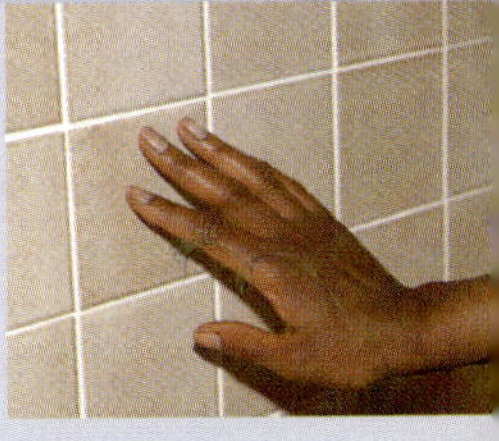

¡Qué azulejos más bonitos!
Ke assuleHos mas bonitos!

Que azulejos mais bonitos!

1 Treino

Diga "Eu preciso" e "Você precisa". (págs. 64–5 e 92–4)

Como se diz em espanhol "dia" e "mês"? (págs. 28–9)

Diga os dias da semana em espanhol. (págs. 28–9)

El jardín
Jardim

O jardim de uma casa pode ser comum ou pelo menos compartilhado. Verifique esse item com o corretor imobiliário ou com a agência locadora para não ter surpresas desagradáveis. Às vezes, cobra-se uma taxa de manutenção do jardim, incluída no valor do aluguel.

2 Memorize

Decore estas palavras, cubra-as com a orelha do livro e faça um teste.

la máquina cortacésped la makina kortaZesped	*cortador de grama*
la horca la orka	*foice*
la pala la pala	*pá*
el rastrillo el rastrilho	*ancinho, rastelo*
el vivero el bibero	*viveiro*

3 Frases úteis

Aprenda estas frases e depois faça um teste, usando a orelha do livro.

O jardineiro vem uma vez por semana.

El jardinero viene una vez a la semana.
El Hardinero biene una bes a la semana.

Pode cortar a grama?

¿Puede cortar el césped?
Puede kortar el Zesped?

O jardim é particular?

¿Es el jardín privado?
Es el Hardin pribado?

O jardim precisa ser regado.

El jardín necesita que lo rieguen.
El Hardin neZessita ke lo rieguen.

4 Associe e repita

Associe os itens numerados às palavras da lista à direita.

1 **la terraza**
la terrassa

2 **el árbol**
el arbol

3 **la tierra**
la tierra

4 **el césped**
el Zesped

5 **el seto**
el seto

6 **las plantas**
las plantas

7 **las flores**
las flores

8 **las malas hierbas**
las malas ierbas

9 **el camino**
el kamino

10 **el parterre**
el parterre

5 Fale

O gramado precisa de água.

Tem alguma árvore?

O jardineiro vem às sextas-feiras.

1 Treino

Diga "Meu nome é...". (págs. 8–9)

Diga "Não se preocupe". (págs. 94–5)

Como se diz "seu" em espanhol? (págs. 12–3)

Los animales de compañía

Animais

Turistas agora usam "Passaportes para animais" para viajar com seus bichos de estimação, dispensando a quarentena na volta ao país de origem. Veja detalhes de vacinas e documentação com seu veterinário.

2 Associe e repita

Associe os animais numerados às palavras em espanhol da lista à esquerda. Depois faça o teste, usando a orelha do livro.

1 **el gato**
el gato

2 **el conejo**
el koneHo

3 **el pájaro**
el paHaro

4 **el pez**
el peZ

5 **el perro**
el perro

6 **el hámster**
el hamster

3 Frases úteis

Aprenda estas frases e depois faça um teste, usando a orelha do livro.

¿Es bueno el perro? Es bueno el perro?	*O cachorro é manso?*
¿Puedo llevar el perro? Puedo lhebar el perro?	*Posso levar o cachorro?*
Me dan miedo los gatos. Me dan miedo los gatos.	*Eu tenho medo de gatos.*
Mi perro no muerde. Mi perro no muerde.	*Meu cachorro não morde.*

Este gato está lleno de pulgas.
Este gato esta lheno de pulgas.
Este gato está cheio de pulgas.

Dica cultural Na Espanha você poderá ver cães de trabalho ou de guarda, levados por guia ou andando soltos. Cuidado ao chegar a fazendas e casas rurais. Procure avisos de advertência como **¡Cuidado con el perro!** ("Cuidado com o cão").

4 Memorize

Decore estas palavras, cubra-as com a orelha do livro e faça um teste.

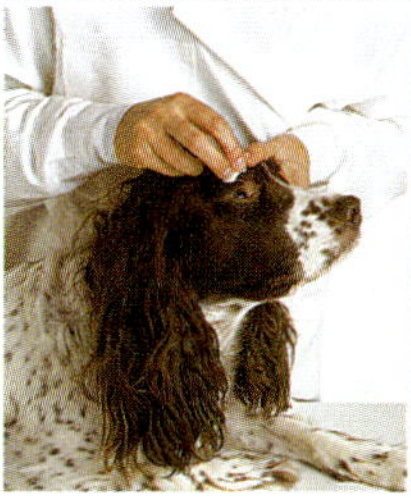

Mi perro no está bien.
Mi perro no esta bien.
Meu cachorro não está bem.

cesta	**la cesta** la cesta
jaula	**la jaula** la Haula
comedor	**el bol** el bol
coleira	**el collar** el kolhar
guia	**la correa** la korrea
veterinário	**el veterinario** el beterinario
vacina	**la vacuna** la bakuna
passaporte de animais	**el pasaporte de animales** el passaporte de animales
spray antipulga	**el spray antipulgas** el esprai antipulgas

5 Pratique

Participe deste diálogo. Leia o texto em espanhol à esquerda e siga as instruções para responder. Depois faça o teste, cobrindo as respostas com a orelha do livro.

¿Es suyo este perro? Es suyo este perro? *Este cachorro é seu?* *Diga: Sim, o nome dela é Sandy.*	**Sí, se llama Sandy.** Si, se lhama Sandy.

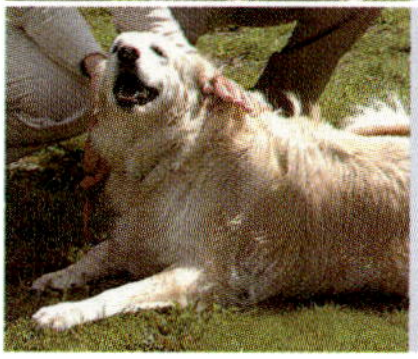

Me dan miedo los perros. Me dan miedo los perros. *Tenho medo de cachorro.* *Diga: Não se preocupe. Ele é manso.*	**No se preocupe. Es bueno.** No se preokupe. es bueno.

Repase y repita
Reveja e repita

1 Cores

Complete as frases colocando a palavra em espanhol correspondente à cor entre parênteses.

1 **Quisiera la camisa ____. (preta)**
2 **Estos zapatos son muy ____. (pequenos)**
3 **¿Tiene este traje en ____? (vermelho)**
4 **No, pero lo tengo en ____. (verde)**
5 **Quiero los zapatos ____. (amarelo)**

Respuestas
Respostas
Cubra com a orelha.

1 Cores

1 **negra**
negra

2 **pequeños**
pekenhos

3 **rojo**
roHo

4 **verde**
berde

5 **amarillos**
amarilhos

2 Cozinha

Diga em espanhol as palavras dos itens numerados

2 Cozinha

1 **la cocina**
la koZina

2 **el frigorífico**
el frigorifiko

3 **el fregadero**
el fregadero

4 **el microondas**
el mikroondas

5 **el horno**
el orno

6 **la silla**
la silha

7 **la mesa**
la mesa

Respuestas
Respostas
Cubra com a orelha.

3 Casa

Você está visitando uma casa na Espanha. Acompanhe a conversação, fazendo perguntas em espanhol a partir dos textos em português.

Éste es el cuarto de estar.
1 *Que lareira mais linda!*

Sí, y tiene una cocina muy grande.
2 *Quantos dormitórios são?*

Hay tres dormitorios.
3 *Tem garagem?*

Sí, pero no hay un jardín.
4 *Quando estará disponível?*

En julio.
5 *Quanto é o aluguel por um mês?*

3 Casa

1 **¡Qué chimenea más bonita!**
Ke chimenea mas bonita!

2 **¿Cuántos dormitorios hay?**
Kuantos dormitorios ai?

3 **¿Tiene garaje?**
Tiene garaHe?

4 **¿Cuándo está disponible?**
Kuando esta disponible?

5 **¿Cuánto es el alquiler al mes?**
Kuanto es el alkiler al mes?

4 Em casa

Dê o nome em espanhol dos seguintes itens.

1 *a máquina de lavar roupa*

2 *o sofá*

3 *o sótão*

4 *a sala de jantar*

5 *a árvore*

6 *o jardim*

4 Em casa

1 **la lavadora**
la labadora

2 **el sofá**
el sofa

3 **el ático**
el atiko

4 **el comedor**
el komedor

5 **el árbol**
el arbol

6 **el jardín**
el Hardin

1 Treino

Pergunte “Como se chega ao banco?” e “Como chego ao correio?” (págs. 50–1)

Diga “passaporte” em espanhol. (págs. 54–5)

Pergunte “A que horas é a reunião?” (págs. 30–1)

El banco y la oficina de correos

Banco e correio

Bancos e agências de correio em geral abrem só até a hora do almoço (14 horas) e costumam fechar nos fins de semana. **Cajas de ahorros** (*bancos de poupança*) têm horário diferente. No verão o expediente pode ser mais curto.

2 Memorize: correio

Decore estas palavras e faça um teste, usando a orelha do livro para cobrir as palavras em espanhol na lista à esquerda.

los sellos los selhos	*selos*
la postal la postal	*cartão-postal*
el paquete el pakete	*pacote*
por avión por abion	*por avião*
el correo certificado el korreo Zertifikado	*carta registrada*
el buzón el busson	*caixa de correio*
el código postal el kodigo postal	*código postal*
el cartero el kartero	*carteiro*

¿Cuánto es para el Reino Unido?
Kuanto es para el reino unido?
Quanto é para o Reino Unido?

el sobre
el sobre
envelope

3 Conversação

Quisiera sacar dinero.
Kissiera sakar dinero.

Gostaria de sacar dinheiro.

¿Tiene identificación?
Tiene identifikaZion?

Tem documento de identidade?

Sí, aquí tiene mi pasaporte.
Si, aki tiene mi passaporte.

Sim, aqui está meu passaporte.

4 Memorize: banco

Decore estas palavras e depois faça um teste, usando a orelha do livro para cobrir a lista em espanhol à direita.

¿**Cómo puedo pagar?**
Komo puedo pagar?
Como posso pagar?

senha	**el PIN** el pin
banco	**el banco** el banko
caixa	**el cajero** el kaHero
caixa eletrônico	**el cajero automático** el kaHero automatiko
notas	**los billetes** los bilhetes
travellers' cheques	**los cheques de viaje** los tchekes de biaHe

5 Frases úteis

Aprenda estas frases e depois faça um teste, usando a orelha do livro.

Queria trocar dinheiro.	**Quisiera cambiar dinero.** Kissiera kambiar dinero.
Qual é a taxa de câmbio?	**¿A cuánto está el cambio?** A kuanto esta el kambio?
Queria sacar dinheiro.	**Quisiera sacar dinero.** Kissiera sakar dinero.

6 Fale

Gostaria de trocar alguns travellers' cheques.

Preciso do meu passaporte?

Queria selos para o Reino Unido.

Meta su PIN, por favor.
Meta su pin, por fabor.

Por favor, introduza sua senha.

¿Tengo que firmar también?
Tengo ke firmar tambien?

Tenho que assinar também?

No, no hace falta.
No, no aZe falta.

Não, não é preciso.

1 Treino

Como se diz em espanhol "não funciona"? (págs. 60–1)

Como se diz em espanhol "hoje" e "amanhã"? (págs. 28–9)

Los servicios
Serviços

Você pode combinar as palavras em espanhol destas páginas com o vocabulário aprendido na semana 10 para ajudá-lo a explicar os problemas básicos e saber providenciar a maioria dos reparos. Para contratar trabalho de pedreiro, é bom combinar antes o preço e a forma de pagamento.

2 Memorize

Decore estas palavras, cubra-as com a orelha do livro e faça um teste.

el fontanero el fontanero	*encanador*
el electricista el elektriZista	*eletricista*
el mecánico el mekaniko	*mecânico*
el albañil el albanhil	*pedreiro*
la asistenta la assistenta	*faxineira*
el pintor el pintor	*pintor*
el carpintero el karpintero	*carpinteiro*
el técnico el tekniko	*técnico*

la llave de tuercas
la lhabe de tuerkas
chave de roda

No necesito un mecánico.
No neZessito un mekaniko.
Não preciso de um mecânico.

3 Conversação

La lavadora no funciona.
La labadora no funZiona.

A máquina de lavar está quebrada.

Sí, la manguera está rota.
Si, la manguera esta rota.

É, a mangueira quebrou.

¿La puede arreglar?
La puede arreglar?

Pode consertá-la?

4 Frases úteis

Aprenda estas frases e depois faça um teste, usando a orelha do livro.

¿Dónde me pueden arreglar la plancha?
Donde me pueden arreglar la plancha?
Onde posso mandar arrumar o ferro?

Pode limpar o banheiro?

¿Puede limpiar el cuarto de baño?
Puede limpiar el kuarto de banho?

Pode consertar o aquecedor?

¿Puede arreglar la caldera?
Puede arreglar la kaldera?

Conhece um bom eletricista?

¿Conoce a un buen electricista?
KonoZe a un buen elektriZista?

5 Pratique

Pratique estas frases. Cubra o texto da direita e complete o diálogo em espanhol. Confira suas respostas e repita se necessário.

los planos
los planos
plantas

Empiezo el trabajo mañana.
EmpieZo el trabaHo manhana.
Começo o trabalho amanhã.

Su verja está rota.
Su berHa esta rota.
Seu portão está quebrado.

Pergunte: Conhece um bom pedreiro?

¿Conoce a un buen albañil?
KonoZe a un buen albanhil?

Sí, hay uno en el pueblo.
Si, ai uno en el pueblo.
Sim, tem um na cidade.

Pergunte: Você tem o telefone dele?

¿Tiene su número de teléfono?
Tiene su numero de telefono?

No, va a necesitar una nueva.
No, ba a necessitar una nueba.

Não, vai precisar de uma nova.

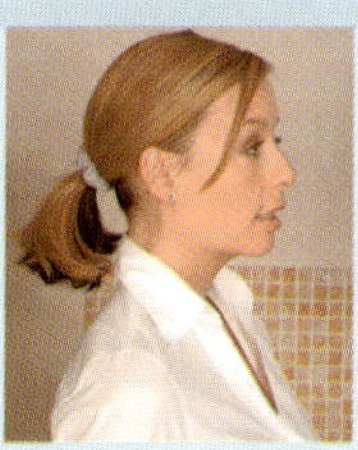

¿Lo puede hacer hoy?
Lo puede aZer oi?

Pode fazer isso hoje?

No, volveré mañana.
No, bolbere manhana.

Não, vou voltar amanhã.

1 Treino

Diga os dias da semana em espanhol. (págs. 28–9)

Como se diz em espanhol "faxineira"? (págs. 110–11)

Diga "São 9h30", "10h45", "12h00". (págs. 30–1)

Venir
Vir

O verbo **venir** (*vir*) é um dos mais úteis. Assim como o sentido principal do verbo (ver abaixo), é bom conhecer o comando **¡ven!/¡venga!** (*vem cá! venha*) (informal/formal). Note que *comigo* é **conmigo** e *contigo,* **contigo**: **ven conmigo** (*vem comigo*); **vengo contigo** (*vou contigo*).

2 Venir: vir

Diga as diferentes conjugações do verbo em voz alta, lendo a partir da tabela. Use a orelha do livro para fazer o teste e, quando se sentir confiante, pratique as frases abaixo.

yo vengo yo bengo	*eu venho*
tú vienes/usted viene tu bienes/usted biene	*tu vens/você vem (formal/informal)*
él/ella viene el/elha biene	*ele/ela vem*
nosotros(as) venimos nossotros(as) benimos	*nós vimos*
vosotros(as) venís bossotros(as) benis	*vós vindes/vocês vêm (formal/informal)*
ustedes vienen ustedes bienen	*os senhores vêm (formal)*
ellos/as vienen elhos/as bienen	*eles vêm*

Vengo ahora. Bengo aora.	*Estou vindo agora.*
Venimos todos los martes. Benimos todos los martes.	*Vimos todas as terças.*
Vienen en tren. Bienen en tren.	*Eles vêm de trem.*

Vienen en muchos colores.
Bienen en muchos kolores.
Vêm em muitas cores.

Dica de conversação A expressão **¡Venga!** é muito comum no espanhol coloquial e assume vários significados: pode indicar alguma surpresa ("Nossa!") ou ser usada para incentivar ou elogiar (equivalendo a "Muito bem!", "Beleza!").

3 Frases úteis

Aprenda estas frases e depois faça um teste, usando a orelha do livro.

Quando posso vir?
¿Cuándo puedo venir?
Kuando puedo benir?

Tem em tamanho 44?
¿Viene en la talla 44?
Biene en la talha kuarenta i kuatro?

A faxineira vem toda segunda.
La asistenta viene todos los lunes.
La assistenta biene todos los lunes.

¿Puede venir el viernes?
Puede benir el biernes?
(O senhor) pode vir na sexta?

Vem comigo. (informal/formal)
Ven conmigo/ Venga conmigo.
Ben konmigo/ benga konmigo.

4 Pratique

Pratique estas frases. Depois cubra o texto da direita e dê as respostas do diálogo em espanhol. Confira suas respostas e repita o teste, se necessário.

Peluquería Cristina, dígame.
Pelukeria kristina, digame?
Cristina Cabeleireiros, pois não?

Diga: Queria marcar uma hora.

Quisiera una cita.
Kissiera una Zita.

¿Cuándo quiere venir?
Kuando kiere benir?
Quando quer vir?

Diga: Hoje, se possível.

Hoy, si es posible.
Oi, si es possible.

Sí, claro. ¿A qué hora?
Si klaro, a ke ora?
Sim, claro. A que horas?

Diga: Às 10h30.

A las diez y media.
A las dieZ i media.

1 Treino

Como se diz em espanhol "grande" e "pequeno"? (págs. 64–5)

Diga "O quanto é grande" e "A cama é pequena". (págs. 64–5)

La policía y el delito

Polícia e crime

Na Espanha, se for vítima de um crime, você deve ir até a delegacia de polícia para dar parte, ou então, numa emergência, discar 112. Você pode ter de fazer sua queixa em espanhol, por isso um vocabulário básico será útil.

2 Memorize: crime

Decore estas palavras.

el robo el robo	*roubo*
la denuncia la denunZia	*queixa à polícia*
el ladrón el ladron	*ladrão*
la policía la poliZia	*polícia*
la declaración la deklaraZion	*declaração*
el testigo el testigo	*testemunha*
el abogado el abogado	*advogado*

Necesito un abogado.
Necessito un abogado.
Preciso de um advogado.

3 Frases úteis

Aprenda estas palavras e depois faça um teste.

Me han robado. Me an robado.	*Fui roubado.*
¿Qué han robado? Ke an robado?	*O que roubaram?*
¿Vio quién lo hizo? Bio kien lo iZo?	*Viu quem foi?*
¿Cuándo ocurrió? Kuando okurrio?	*Quando aconteceu?*

la cámara de fotos
la kamara de fotos
camera

la cartera
la kartera
bolsa

4 Memorize: aparência

Decore estas palavras. Lembre que alguns adjetivos têm feminino.

Él es bajo y tiene bigote.
El es baHo i tiene bigote.
Ele é baixo e tem bigode.

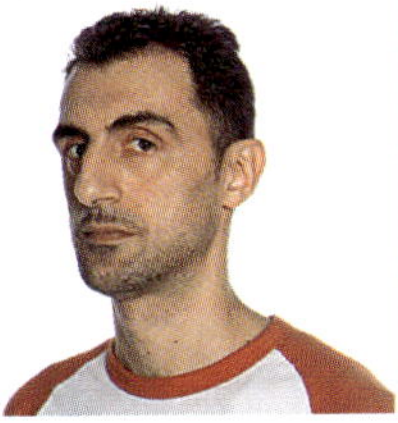

Tiene el pelo negro y corto.
Tiene el pelo negro i korto.
Ele tem cabelo curto e preto.

homem	**el hombre** el ombre
mulher	**la mujer** la muHer
alto/a	**alto/a** alto/a
baixo/a	**bajo/a** baHo/a
jovem	**joven** Hoben
velho/a	**viejo/a** bieHo/a
gordo/a	**gordo/a** gordo/a
magro/a	**delgado/a** delgado/a
cabelo comprido/ curto	**el pelo largo/corto** el pelo largo/korto
óculos	**las gafas** las gafas
barba	**la barba** la barba

Dica cultural Na Espanha existe diferença entre a guarda civil e a polícia. **La policía** é a polícia local, enquanto **la guardia civil** atua em aeroportos e patrulha o sistema nacional de rodovias. O uniforme da polícia é azul, enquanto o da guarda civil é verde.

5 Pratique

Aprenda estas frases. Depois cubra o texto da coluna da direita e siga as instruções para dar suas respostas em espanhol.

¿Cómo era? Komo era? *Como era?* *Diga: Baixo e gordo.*	**Bajo y gordo.** BaHo i gordo.

¿Y el pelo? I el pelo? *E o cabelo?* *Diga: Comprido e tinha barba.*	**Largo y con barba.** Largo i kon barba.

Respuestas
Respostas
Cubra com a orelha.

1 Vir

1 **vienen**
bienen

2 **viene**
biene

3 **venimos**
benimos

4 **venís**
benis

5 **vengo**
bengo

2 Banco e correio

1 **los billetes**
los bilhetes

2 **la postal**
la postal

3 **el paquete**
el pakete

4 **el sobre**
el sobre

Repase y repita
Reveja e repita

1 Vir

Coloque a forma correta do verbo **venir** (*vir*) nos espaços.

1 **Mis padres ___ a las cuatro.**

2 **La asistenta ___ una vez a la semana.**

3 **Nosotros ___ todos los martes.**

4 **¿___ vosotros con nosotros?**

5 **Yo ___ en taxi.**

2 Banco e correio

Diga o nome desses itens.

Respuestas
Respostas
Cubra com a orelha.

3 Aparência

O que significam estas descrições?

1 **Es un hombre alto y delgado.**
2 **Ella tiene el pelo corto y gafas.**
3 **Soy baja y tengo el pelo largo.**
4 **Ella es vieja y gorda.**
5 **Él tiene los ojos azules y barba.**

3 Aparência

1 *É um homem alto e magro.*
2 *Ela tem cabelo curto e usa óculos.*
3 *Sou baixa e tenho cabelo comprido.*
4 *Ela é velha e gorda.*
5 *Ele tem olhos azuis e barba.*

4 A farmácia

Você procura ajuda de um farmacêutico. Siga o diálogo e responda em espanhol a partir das instruções em português.

Buenos días, ¿qué desea?
1 *Estou com tosse.*

¿Le duele el pecho?
2 *Não, mas estou com dor de cabeça.*

Tiene estas pastillas.
3 *Você tem isso em xarope?*

Sí señor. Aquí tiene.
4 *Obrigado. Quanto foi?*

Cuatro euros.
5 *Aqui está. Até logo.*

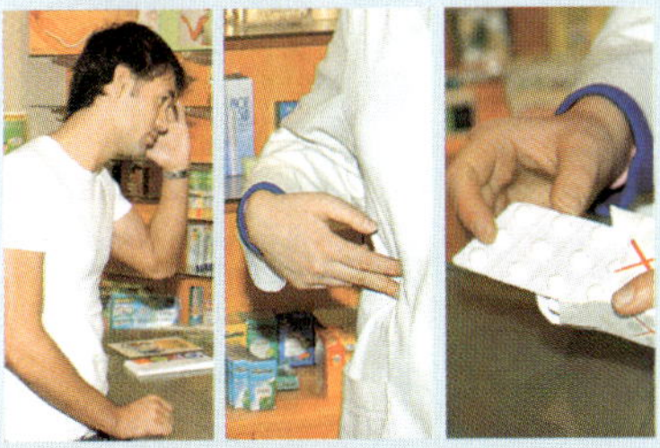

4 A farmácia

1 **Tengo tos.**
Tengo tos.

2 **No, pero me duele la cabeza.**
No, pero me duele la kabeZa.

3 **¿Lo tiene en jarabe?**
Lo tiene en Harabe?

4 **Gracias. ¿Cuánto es?**
GraZias. kuanto es?

5 **Aquí tiene. Adiós.**
Aki tiene. adios.

1 Treino

Como se diz em espanhol "museu" e "galeria de arte"? (págs. 48–9)

Diga "Não gostei das cortinas". (págs. 100–1)

Pergunte de modo informal "Você quer...?". (págs. 22–3)

El ocio
Lazer

Os espanhóis se orgulham de sua vida noturna agitada e do apoio que dão às artes, incluindo teatro e cinema. Não é incomum os espanhóis citarem a política ou a filosofia entre seus interesses. Esteja preparado para deparar com estes assuntos como tema de conversa em situações sociais.

2 Memorize

Decore estas palavras e faça um teste, usando a orelha do livro para cobrir o texto em espanhol à esquerda.

el teatro el teatro	*teatro*
el cine el Zine	*cinema*
la discoteca la diskoteka	*discoteca*
el deporte el deporte	*esporte*
el turismo el turismo	*turismo*
la política la politika	*política*
la música la musika	*música*
el arte el arte	*arte*

Me encanta el baile.
Me enkanta el baile.
Adoro dança.

3 Conversação

Hola. ¿Quieres jugar al tenis hoy?
Ola. kieres Hugar al tenis oi?

Oi. Quer jogar tênis hoje?

No, no me gusta el deporte.
No, no me gusta el deporte.

Não, não gosto de esporte.

Y entonces, ¿qué te gusta?
I entonZes, ke te gusta?

E, então, do que você gosta?

4 Frases úteis

Aprenda estas frases e depois faça um teste, usando a orelha do livro.

los video-juegos
los bideo-Huegos
videogames

Quais são seus interesses? (formal/informal)	**¿Cuáles son sus/tus intereses?** Kuales son sus/tus interesses?
Eu gosto de teatro.	**Me gusta el teatro.** Me gusta el teatro.
Eu prefiro o cinema.	**Yo prefiero el cine.** Io prefiero el Zine.
Me interesso por arte.	**Me interesa el arte.** Me interessa el arte.
Acho isso chato.	**Eso me aburre.** Eso me aburre.

la bailadora
la bailadora
dançarina

el traje típico
el traHe tipiko
traje típico

5 Fale

Eu me interesso por música.

Eu prefiro esporte.

Eu não gosto de videogame.

Prefiero el turismo e ir de compras.
Prefiero el turismo e ir de kompras.

Prefiro fazer turismo e compras.

Eso a mí no me interesa.
Eso a mi no me interessa.

Isso não me interessa.

No pasa nada. Me voy yo sola.
No passa nada. me boi io sola.

Não tem problema. Eu vou sozinha.

1 Treino

Pergunte "Você quer jogar tênis?" (formal) (págs. 118–19)

Diga "Eu gosto de teatro" e "Prefiro fazer turismo". (págs. 118–19)

Diga "Isto não me interessa". (págs. 118–19)

El deporte y los pasatiempos
Esportes e hobbies

Hacer (*fazer*) e **jugar** (*jogar, praticar*) são os verbos mais usados ao se falar sobre esportes e passatempos. **Jugar** é seguido por **a** quando falamos de jogar algum esporte, como em **juego al baloncesto** (*basquete*).

2 Memorize

Decore estas palavras, cubra-as com a orelha do livro e faça um teste.

el fútbol/rugby el futbol/rugbi	*futebol/rúgbi*
el tenis/baloncesto el tenis/balonZesto	*tênis/basquete*
la natación la nataZion	*natação*
la vela la bela	*vela*
la pesca la peska	*pesca*
la pintura la pintura	*pintura*
el ciclismo el Ziklismo	*ciclismo*
el senderismo el senderismo	*caminhada*

3 Frases úteis

Aprenda estas frases e depois faça um teste.

Juego al fútbol. Huego al futbol.	*Jogo futebol.*
Juega al tenis. Huega al tenis.	*Ele joga tênis.*
Ella pinta. Elha pinta.	*Ela pinta.*

4 Hacer: fazer

Hacer é um verbo útil e significa "fazer". Costuma ser usado para descrever atividades de lazer. **Hace** também é usado para indicar o clima.

Hoy hace bueno.
Oi aZe bueno.
Hoje está fazendo bom tempo.

eu faço	**yo hago** io ago
você faz (informal/formal)	**tú haces/usted hace** tu aZes/usted aZe
ele/ela faz	**él/ella hace** el/elha aZe
nós fazemos	**nosotros/as hacemos** nossotros/as aZemos
vocês fazem (informal)	**vosotros/as hacéis** bossotros/as aZeis
os senhores fazem (formal)	**ustedes hacen** ustedes aZen
eles fazem	**ellos/ellas hacen** elhos/elhas aZen
O que você (o senhor) gosta de fazer? (informal/formal)	**¿Qué te/le gusta hacer?** Ke te/le gusta aZer?
Faço caminhadas.	**Yo hago senderismo.** Io ago senderismo.

5 Pratique

Acompanhe esta conversação seguindo o texto em português.

	**¿Qué te gusta hacer?** ke te gusta aZer *O que você gosta de fazer?* *Diga: Eu gosto de jogar tênis.*	**Me gusta jugar al tenis.** Me gusta Hugar al tenis.
	**¿Juegas al fútbol también?** Huegas al futbol tambien? *Também joga futebol?* *Diga: Não, eu jogo rúgbi.*	**No, juego al rugby.** No, Huego al rugbi.
	**¿Cuándo juegas?** Kuando huegas? *Quando você joga?* *Diga: Eu jogo toda semana.*	**Juego todas las semanas.** Huego todas las semanas.

1 Treino

Diga "meu marido" e "minha mulher". (págs. 10–1)

Diga os dias da semana em espanhol. (págs. 28–9)

Diga "Desculpe, estou ocupado". (págs.32–3).

La vida social
Vida social

A mesa de refeições espanhola é o centro da vida social. Você verá que boa parte de sua vida social se dará em volta da mesa, apreciando comida e vinho. Em geral, é melhor usar a forma mais polida **usted** ao falar com os mais velhos, e **tú** ao se dirigir aos mais jovens.

2 Frases úteis

Aprenda estas frases e depois faça um teste.

Me gustaría invitarte a cenar. Me gustaria inbitarte a Zenar.	*Gostaria de convidar você para jantar.*
¿Estás libre el miércoles que viene? Estas libre el mierkoles ke biene.	*Você está livre quarta que vem?*
Quizá otro día. KiZa otro dia.	*Talvez outro dia.*

Dica cultural Quando se visita a casa de alguém pela primeira vez, é costume levar flores ou vinho. Se for convidado de novo, como já conhecerá a casa de seu anfitrião, poderá levar algo mais pessoal.

3 Conversação

¿Quieres venir a comer el martes?
Kieres benir a komer el martes?

Quer vir almoçar na terça-feira?

Lo siento, estoy ocupada.
Lo siento, estoi okupada.

Desculpe, estou ocupada.

¿Qué tal el jueves?
Ke tal el huebes?

Que tal na quinta-feira?

4 Memorize

Decore estas palavras, cubra-as com a orelha do livro e faça um teste.

la invitada
la inbitada
convidada

la anfitriona
la anfitriona
anfitriã

festa	**la fiesta** la fiesta
jantar	**la cena** la Zena
convite	**la invitación** la inbitaZion
recepção	**la recepción** la reZepZion
coquetel	**el coctel** el koktel

5 Pratique

Siga a conversação e responda em espanhol.

¿Puede venir a una recepción esta noche? Puede benir a una reZepZion esta notche *Pode vir a uma recepção hoje à noite?* *Diga: Sim, adoraria.*	**Sí, encantado/a.** Si, enkantado/a
Empieza a las ocho. EmpieZa a las otcho *Começa às oito.* *Pergunte: O que devo vestir?*	**¿Qué me pongo?** Ke me pongo?

Gracias por invitarnos.
GraZias por inbitarnos.
Obrigada pelo convite.

Encantada.
Enkantada.

Vou adorar.

Ven con tu marido.
Ben kon tu marido.

Traga seu marido.

Gracias, ¿a qué hora?
GraZias, a ke ora?

Obrigado, a que horas?

Repase y repita
Reveja e repita

1 Animais

Diga em espanhol os nomes dos animais numerados.

2 Eu gosto...

Diga em espanhol:

1 *Eu gosto de futebol.*

2 *Eu não gosto de golfe.*

3 *Gosto de pintar.*

4 *Não gosto de flores.*

Respuestas
Respostas
Cubra com a orelha.

1 Animais

1 **el pez**
el peZ

2 **el pájaro**
el paHaro

3 **el conejo**
el koneHo

4 **el gato**
el gato

5 **el hámster**
el hamster

6 **el perro**
el perro

2 Eu gosto...

1 **Me gusta el fútbol.**
Me gusta el futbol.

2 **No me gusta el golf.**
No me gusta el golf.

3 **Me gusta pintar.**
Me gusta pintar.

4 **No me gustan las flores.**
No me gustan las flores.

Respuestas
Respostas
Cubra com a orelha.

3 Fazer

Use a forma correta do verbo **hacer** (*fazer*) nas seguintes sentenças.

1 **Vosotros ____ senderismo.**

2 **Ella ____ eso todos los días.**

3 **¿Qué ____ tú?**

4 **Hoy no ____ frío.**

5 **¿Qué ____ ellos esta noche?**

6 **Yo ____ natación.**

3 Fazer

1 **hacéis**
aZeis

2 **hace**
aZe

3 **haces**
aZes

4 **hace**
aZe

5 **hacen**
aZen

6 **hago**
ago

4 Um convite

Você foi convidado para um jantar. Acompanhe a conversação, respondendo em espanhol a partir do texto em português.

¿Quieres venir a comer el viernes?
1 *Desculpe, estou ocupado/a.*

¿Qué tal el sábado?
2 *Eu adoraria.*

Ven con los niños.
3 *Obrigada. A que horas?*

A las doce y media.
4 *Para mim está bem.*

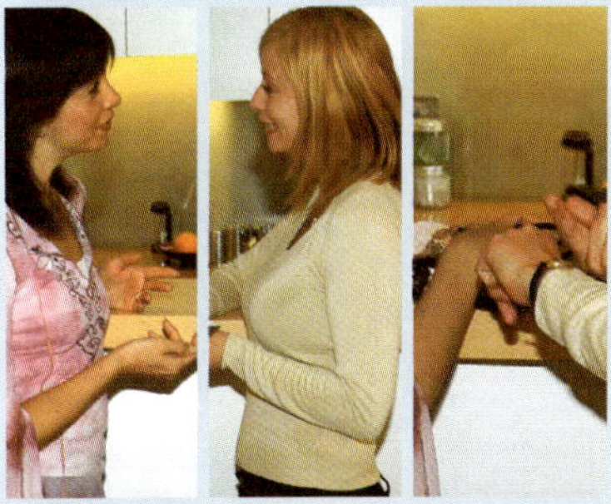

4 Um convite

1 **Lo siento, estoy ocupado/a.**
Lo siento, estoi okupado/a.

2 **Encantado/a.**
Enkantado/a.

3 **Gracias. ¿A qué hora?**
GraZias. a ke ora?

4 **Me viene bien.**
Me biene bien.

Reforço e progresso

A prática constante é o segredo para manter e melhorar suas habilidades com o idioma. Nesta seção você encontra várias sugestões para reforçar e ampliar seu conhecimento de espanhol. Muitas implicam voltar aos exercícios do livro e usar dicionários para aumentar seu alcance. Volte às aulas em ordem diferente, misture e combine as atividades para fazer seu próprio programa diário de 15 minutos ou concentre-se em tópicos mais interessantes para suas necessidades.

Mantenha o treino
Consulte de novo os quadros de "Treino" para se lembrar de palavras e frases importantes. Trabalhe do seu jeito com todos eles, de modo regular.

1 Treino

Diga "sinto muito". (págs. 32–3)

Como se diz em espanhol "Gostaria de marcar uma hora."? (págs. 22–3 e 32-3)

Diga em espanhol "A que horas?". (págs. 32–3)

2 Eu gostaria...

Diga "Eu gostaria" para:

Reveja e repita novamente
Trabalhe com as aulas "Reveja e repita" como um modo de reforçar as palavras e frases apresentadas no curso. Volte às aulas para observar algum tópico sobre o qual ainda não esteja confiante.

Continue a conversar
Releia as seções de "Conversação". Fale as duas partes do diálogo, dando toda atenção à pronúncia. Quando possível, procure acrescentar palavras novas do dicionário.

3 Conversação: táxi

A la Plaza de España, por favor.
A la plaZa de Espanha, por fabor.

Para a Plaza de España, por favor.

Sí, de acuerdo, señor.
Si, de akuerdo, senhor.

Sim, claro, senhor.

¿Me puede dejar aquí por favor?
Me puede deHar aki, por fabor?

Pode me deixar aqui, por favor?

4 Frases úteis

Aprenda estas frases e depois faça um teste, usando a orelha do livro.

A que horas abre/fecha?

¿A qué hora abre/cierra?
A ke ora abre/Zierra?

Onde ficam os toaletes?

¿Dónde están los servicios?
Donde estan los serbiZios?

Há acesso para cadeira de rodas?

¿Hay acceso para sillas de ruedas?
Ai akZesso para silhas de ruedas?

Pratique as frases
Volte aos exercícios de "Frases úteis" e "Pratique". Faça um teste encobrindo o texto. Quando se sentir confiante, invente suas próprias versões das frases, usando palavras novas do dicionário.

Associe, repita e amplie
Volte aos exercícios "Associe e repita" e "Memorize" para recordar palavras relacionadas a tópicos específicos. Faça um teste cobrindo o texto em espanhol com a orelha do livro. Descubra palavras novas dessas áreas consultando o dicionário e o Cardápio.

5 Associe e repita

Associe os itens numerados às palavras da lista à esquerda.

1 **los tomates**
los tomates

2 **las judías**
las Hudias

3 **los champiñones**
los tchampinhones

4 **las uvas**
las ubas

5 **los pepinos**
los pepinos

6 **las alcachofas**
las alcatchofas

7 **los guisantes**
los guisantes

8 **los pimientos**
los pimientos

Fale de novo
Os exercícios de "Fale" são lembretes úteis para cada aula. Pratique-os, usando suas próprias variações de vocabulário, a partir do dicionário ou de outra parte do curso.

6 Fale

O gramado precisa ser regado.

Existem árvores?

O jardineiro vem às sextas-feiras.

Outros recursos

Além de trabalhar com este livro, experimente seguir estas idéias para ampliar suas habilidades com o idioma:

- Visite um país de fala hispânica e teste sua capacidade falar com os habitantes do local. Descubra se há uma comunidade hispânica perto de você. Use o espanhol para iniciar um diálogo. Seus esforços para falar um novo idioma serão bem recebidos.
- Participe de aulas de espanhol ou freqüente um clube. Existem cursos diurnos e noturnos de diferentes níveis de conhecimento. Você também pode criar um grupo, se tiver amigos que estejam interessados em manter a prática do espanhol.
- Leia revistas e jornais em espanhol. As imagens vão ajudá-lo a compreender o texto. Os anúncios também constituem uma maneira útil de ampliar seu vocabulário.
- Na Internet podem-se encontrar todos os tipos de sites para aprender idiomas (alguns oferecem ajuda e atividades gratuitas on-line). Há sites para tudo, desde os que alugam casas até os que ensinam a dar banho no cachorro. Também acesse on-line estações de rádio e TV em espanhol. Escolha um instrumento de busca, como o *www.ozu.es*, e clique no assunto de seu interesse ou crie um desafio, tentando, por exemplo, encontrar uma casa de dois quartos para alugar em Madri.

Cardápio

Esta é uma lista dos termos mais comuns que você vê em cardápios ou quando vai comprar comida. Se não encontrar uma frase exata, procure achar os componentes.

A

aceitunas *azeitonas*
acelgas *acelga*
achicoria *chicória*
aguacate *abacate*
ahumados *defumados*
agua mineral *água mineral*
ajo *alho*
al ajillo *ao alho*
a la parrilla *grelhado*
a la plancha *grelhado, na chapa*
albaricoques *abricôs*
albóndigas *almôndegas*
alcachofas *alcachofras*
alcaparras *alcaparras*
al horno *ao forno*
allioli *ao alho e óleo*
almejas *amêijoas*
almejas a la marinera *amêijoas cozidas com vinho e salsa*
almejas naturales *amêijoas vivas*
almendras *amêndoas*
almíbar *calda de açúcar*
alubias *feijões*
ancas de rana *pernas de rã*
anchoas *anchovas*
anguila *enguia*
angulas *enguias novas*
arenque *arenque*
arroz a la cubana *arroz com ovo e banana fritos*
arroz a la valenciana *arroz com frutos do mar*
arroz con leche *pudim de arroz*
asados *carne assada*
atún *atum*
azúcar *açúcar*

B

bacalao a la vizcaína *bacalhau com bacon, pimentões e pimenta*
bacalao al pil pil *bacalhau com pimenta e alho*
batido *milk-shake*
bebidas *bebidas*
berenjenas *berinjelas*
besugo al horno *brema ao forno*
bistec de ternera *bisteca de vitela*
bonito *bonito (peixe)*
boquerones fritos *anchovas frescas fritas*
brazo gitano *rocambole*
brocheta de riñones *espetinho de rim*
buñuelos *bolinhos*
butifarra *lingüiça catalã*

C

cabrito asado *cabrito assado*
cacahuetes *amendoins*
cachelada *carne de porco cozida com ovos, tomate e cebola*
café *café*
café con leche *café com leite*
calabacines *abobrinhas*
calabaza *abóbora*
calamares a la romana *anéis de lula picados*
calamares en su tinta *lulas cozidas em sua tinta*
calderada *caldeirada*
caldereta gallega *guisado de legumes*
caldo de... *caldo de...*
caldo de gallina *caldo de galinha*
caldo de pescado *caldo de peixe*
caldo gallego *sopa de legumes*
caldo guanche *sopa de batata, tomate, cebola e abobrinha*
callos a la madrileña *dobradinha cozinhada com pimenta*
camarones *pitus*
canela *canela*
cangrejos *caranguejos*
caracoles *escargots*
caramelos *caramelos*
carnes *carnes*
castañas *castanhas*
cebolla *cebola*
cebolletas *cebolinha*
centollo *centola*
cerdo *porco*
cerezas *cerejas*
cerveza *cerveja*
cesta de frutas *cesta de frutas*
champiñones *cogumelos*
chanquetes *peixe similar ao filhote de arenque*
chipirones *calamares pequenos*
chipirones en su tinta *calamares pequenos em sua tinta*
chocos *chocos (moluscos)*
chorizo *lingüiça*
chuleta de buey *bisteca de boi*
chuleta de cerdo *bisteca de porco*
chuleta de cerdo empanada *bisteca de porco à milanesa*
chuleta de cordero *bisteca de cordeiro*
chuleta de cordero empanada *bisteca de cordeiro à milanesa*
chuleta de ternera *bisteca de vitela*
chuleta de ternera empanada *bisteca de vitela à milanesa*
chuletas de lomo ahumado *bistecas de lombo defumado*
chuletitas de cordero *bistequinhas de cordeiro*
chuletón *bistecão*
chuletón de buey *bistecão de boi*
churros *churros*
cigalas *lagostins*
cigalas cocidas *lagostins cozidos*
ciruelas *ameixas*
ciruelas pasas *ameixas-passas*
cochinillo asado *leitão assado*
cocido *carne, grão-de-bico e vegetais cozidos*
cocktail de bogavante *coquetel de lagosta*
cocochas (de merluza) *merluza cozida*
cóctel de gambas *coquetel de camarão*
cóctel de langostinos *coquetel de lagostins*
cóctel de mariscos *coquetel de mariscos*
codornices *codornas*
codornices escabechadas *codornas ao escabeche*
codornices estofadas *codornas assadas na panela*

col *couve*
coles de Bruselas *couves-de-bruxelas*
coliflor *couve-flor*
coñac *conhaque*
conejo *coelho*
conejo encebollado *coelho acebolado*
congrio *congro*
consomé con yema *consomê com gema de ovo*
consomé de ave *consomê de ave*
contra de ternera con guisantes *contra de vitela com ervilhas*
contrafilete de ternera *contrafilé de vitela*
copa *taça (de vinho)*
copa de helado *taça de sorvete, de sabores variados*
cordero asado *cordeiro assado*
cordero chilindrón *cordeiro cozido com cebola, tomate, pimentões e ovos*
costillas de cerdo *costelas de porco*
crema catalana *crème brûlée*
cremada *sobremesa feita com ovo, açúcar e leite*
crema de... *creme de...*
crema de legumbres *creme de legumes*
crepe imperiale *crêpe suzette*
criadillas de tierra *trufas*
crocante *sorvete com nozes moídas*
croquetas *croquetes*
cuajada *coalhada*

D, E

dátiles *tâmaras*
embutidos *frios*
embutidos de la tierra *frios locais*
empanada gallega *torta de peixe galega*
empanada santiaguesa *torta de peixe*
empanadillas *pequenas empanadas*
endivia *endívia*
en escabeche *ao escabeche, marinados*
ensalada *salada*
ensalada de arenque *salada de arenque*
ensalada ilustrada *salada mista*
ensalada mixta *salada mista*
ensalada simple *salada verde*
ensaladilla rusa *salada russa (batata, cenoura, ervilha e outros legumes na maionese)*
entrantes, entremeses, hors d'oeuvres *entradas*
entrecot a la parrilla *entrecôte grelhado*
escalope a la milanesa *vitela à milanesa com queijo*
escalope a la parrilla *vitela grelhada*
escalope a la plancha *vitela grelhada*
escalope de lomo de cerdo *escalope de lombo de porco*
escalope de ternera *escalope de vitela*
escalope empanado *escalope à milanesa*
escalopines al vino de Marsala *escalopes de vitela cozidos em vinho Marsala*
escalopines de ternera *escalopes de vitela*
espaguetis *espaguete*
espárragos *aspargos*
espárragos trigueros *aspargos silvestres*
espinacas *espinafre*
espinazo de cerdo con patatas *costeletas de porco cozidas com batatas*
estofado cozido *guisado*
estragón *estragão*

F

fabada (asturiana) *cozido de favas com molho*
faisán *faisão*
faisán trufado *faisão com trufas*
fiambres *frios de carne*
fideos *macarrão*
filete a la parrilla *bife grelhado*
filete de cerdo *filé de porco*
filete de ternera *bife de vitela*
flan crème *creme flã*
frambuesas *framboesas*
fresas *morangos*
fritos *fritos*
fruta *fruta*

G

gallina en pepitoria *frango cozido com pimentões*
gambas *camarões*
gambas cocidas *camarões cozidos*
gambas en gabardina *camarão à milanesa*
gambas rebozadas *camarão à milanesa*
garbanzos *grão-de-bico*
garbanzos a la catalana *grão-de-bico com molho, olhos cozidos e pinholes*
gazpacho andaluz *sopa de tomate fria*
gelatina de... *gelatina de...*
gratén de..., ...au gratin *gratinado (cozinhado em molho de creme e queijo)*
granizada *drinque com gelo picado*
gratinada/o, au gratin *gratinado*
grelo *nabo*
grillado *grelhado*
guisantes *ervilhas*
guisantes salteados *ervilhas sautées*

H

habas *favas*
habichuelas *feijão-branco*
helado *sorvete*
helado de vainilla *sorvete de baunilha*
helado de turrón *sorvete de torrone*
hígado *fígado*
hígado de ternera *fígado de vitela*
hígado estofado *fígado na panela*
higos con miel y nueces *figos com mel e nozes*
higos secos *figos secos*
horchata (de chufas) *bebida gelada feita de castanhas de chufa*
huevo hilado *guarnição de fios de ovos*
huevos *ovos*
huevos a la flamenca *ovos fritos com bacon, tomate e legumes*
huevos cocidos *ovos cozidos*
huevos con patatas fritas *ovos fritos com batatas fritas*
huevos con picadillo *ovos com carne picada*
huevos duros *ovos bem cozidos*
huevos escalfados *ovos quentes*
huevos pasados por agua *ovos fervidos de leve*
huevos revueltos *ovos mexidos*

J

jamón *presunto*
jamón con huevo hilado *presunto com fios de ovos*
jamón serrano *presunto defumado*
jarra de vino *jarra de vinho*
jerez *xerez*
jeta *focinho de porco*
judías verdes *vagens verdes*
judías verdes a la española *vagens verdes cozido*
judías verdes al natural *vagens verdes ao natural*
jugo de... *suco de...*

L

langosta *lagosta*
langosta a la americana *lagosta com brandy e alho*
langosta a la catalana *lagosta com cogumelos e presunto no vinho branco*
langosta fría con mayonesa *lagosta fria com maionese*
langostinos *lagostins*
langostinos dos salsas *lagostins cozidos em dois molhos*
laurel *louro*
leche *leite*
leche frita *pudim feito de leite e ovos*
leche merengada *leite frio com suspiros*
lechuga *alface*
lengua de buey *língua de boi*
lengua de cordero *língua de cordeiro*
lenguado a la romana *linguado à milanesa*
lenguado meuniere *linguado à meunière (passado na farinha e frito na manteiga)*
lentejas *lentilhas*
lentejas aliñadas *lentilhas com tempero vinagrete*
licores *licores*
liebre estofada *cozido de coelho*
lima *limão*
limón *limão siciliano*
lombarda *repolho-vermelho*
lomo curado *lombo de porco temperado*
lonchas de jamón *presunto defumado em fatias*
longaniza *molho espanhol de cozimento*
lubina *perca-do-mar*
lubina a la marinera *perca-do-mar em molho de salsinha*

M

macedonia de fruta *salada de frutas*
mahonesa, mayonesa *maionese*
Málaga *tipo de vinho doce*
mandarinas *mexericas*
manitas de cordero *perna de cordeiro*
manos de cerdo *pé de porco*
manos de cerdo a la parrilla *pé de porco grelhado*
mantecadas *pequenos pães-de-ló*
mantequilla *manteiga*
manzanas *maçãs*
mariscada *frutos do mar variados, servidos frios*
mariscos del día *mariscos frescos*
mariscos del tiempo *mariscos da estação*
medallones *medalhões*
media de agua *meia garrafa de água mineral*
mejillones *mexilhões*
mejillones a la marinera *mexilhões ao molho de vinho*
melocotón *pêssego*
melón *melão*
menestra de legumbres *cozido de legumes*
menú de la casa *prato da casa*
menú del día *prato do dia*
merluza *merluza*
merluza a la cazuela *merluza cozida*
merluza al ajo arriero *merluza com alho e pimentas*
merluza a la riojana *merluza com pimentas*
merluza a la romana *filés de merluza à milanesa*
merluza a la vasca *merluza no molho de alho*
merluza en salsa *merluza no molho*
merluza en salsa verde *merluza no molho verde*
merluza fría *merluza fria*
merluza frita *merluza frita*
mermelada *geléia*
mero *garoupa*
mero en salsa verde *garoupa no molho verde*
mollejas de ternera fritas *molejas de vitela fritas*
morcilla *chouriço*
morcilla de carnero *morcela de carneiro*
morros de cerdo *focinhos de porco*
morros de vaca *focinhos de vaca*
mortadela *mortadela*
morteruelo *tipo de patê*

N, O

nabo *nabo*
naranjas *laranjas*
nata *chantili*
natillas *creme frio*
níscalos *cogumelos silvestres*
nueces *nozes*
orejas de cerdo *orelhas de porco*

P

paella *paelha (ensopado de arroz com frutos do mar e/ou carne)*
paella castellana *paelha de carne*
paella valenciana *paelha com frutos do mar, coelho e frango*
paleta de cordero lechal *ombro de cordeiro*
pan *pão*
panache de verduras *panachê de legumes*
panceta *bacon*
parrillada de caza *carne de caça grelhada*
parrillada de mariscos *mariscos grelhados*
pasas *passas*
pastel de ternera *torta de vitela*
pasteles *bolos e doces*
patatas a la pescadora *batatas com peixe*
patatas asadas *batatas assadas*
patatas bravas *batatas em molho de tomate apimentado*
patatas fritas *batatas fritas*
patitos rellenos *patinhos recheados*
pato a la naranja *pato no molho de laranja*
pavo *peru*
pavo trufado *peru recheado com trufas*
pecho de ternera *peito de vitela*
pechuga de pollo *peito de frango*
pepinillos *picles*
pepino *pepino*
peras *peras*
percebes *moluscos*
perdices a la campesina *perdizes com legumes*
perdices a la manchega *perdizes no vinho tinto, alho, ervas e pimenta*
perdices escabechadas *perdizes marinadas*
perejil *salsinha*
perritos calientes *cachorros-quentes*
pescaditos fritos *peixe frito*
pestiños *massa açucarada aromatizada com anis*
pez espada *peixe-espada*
picadillo de ternera *picadinho de vitela*
pimienta *pimenta-do-reino*
pimientos *pimentões*
pimientos a la riojana *pimentões-vermelhos cozidos fritos no óleo e no alho*
pimientos morrones *um tipo de pimentão gordo*
pimientos verdes *pimentões verdes*
piña al gratín *abacaxi gratinado*
piña fresca *abacaxi fresco*
piñones *pinholes*
pisto *ratatouille*
pisto manchego *abóbora com cebola e tomate*

plátanos *bananas*
plátanos flameados *bananas flambadas*
pollo *frango*
pollo a la riojana *frango com pimentões e pimenta*
pollo al ajillo *frango frito com alho*
pollo asado *frango assado*
pollo braseado *frango na brasa*
pollo en cacerola *casserole de frango*
pollo en pepitoria *frango em vinho com açafrão, alho e amêndoas*
pollos tomateros con zanahorias *frango novo com cenoura*
pomelo *grapefruit, toranja*
potaje castellano *caldo grosso*
potaje de... *cozido de...*
puchero canario *casserole de carne, grão-de-bico e milho*
pulpitos con cebolla *polvos novos com cebola*
pulpo *polvo*
puré de patatas *purê de batata*
purrusalda *bacalhau com alho-poró e batatas*

Q

queso con membrillo *queijo com marmelada*
queso de bola *queijo de bola*
queso de Burgos *tipo de queijo branco suave*
queso del país *queijo local*
queso de oveja *queijo de ovelha*
queso gallego *tipo de queijo cremoso*
queso manchego *tipo de queijo duro e forte*
quisquillas *camarões*

R

rábanos *rabanetes*
ragout de ternera *ragoût de vitela*
raya *raia (peixe)*
rebozado *à milanesa*
redondo al horno *filé de bife ao forno*
rellenos *recheados*
remolacha *beterraba*
repollo *repolho*
repostería de la casa *sobremesa da casa*
requesón *requeijão*
revuelto de... *mexido de ovos com...*
revuelto de ajos tiernos *ovos mexidos com alhos de primavera*
revuelto de trigueros *ovos mexidos com aspargos*
revuelto mixto *ovos mexidos com legumes variados*
riñones *rins*
rodaballo *robalo (peixe)*
romero *romeira (peixe)*
ron *rum*
roscas *roscas*

S

sal *sal*
salchichas *salsichas*
salchichas de Frankfurt *salsichas de Frankfurt*
salchichón *salsichão*
salmón ahumado *salmão defumado*
salmonetes *salmonetes*
salmonetes en papillote *salmonete cozido em folha de alumínio*
salmón frío *salmão frio*
salmorejo *molho de pão, tomate, azeite, vinagre, pimentão verde e alho*
salpicón de mariscos *mariscos no molho vinagrete*
salsa *molho*
salsa bechamel *molho branco, molho bechamel*
salsa holandesa *molho holandês*
sandía *melancia*
sardinas a la brasa *sardinhas na brasa*
seco *seco*
semidulce *semidoce*
sesos *miolo*
sesos a la romana *miolo frito à milanesa*
sesos rebozados *miolo à milanesa*
setas *cogumelos*
sidra *cidra*
sobrasada *salsicha com pimenta-de-caiena*
solomillo *acém*
solomillo con patatas *acém com batata frita*
solomillo de ternera *acém de vitela*
solomillo de vaca *acém de vaca*
solomillo frío *rosbife frio*
sopa *sopa*
sopa castellana *sopa de legumes*
sopa de almendras *sopa de amêndoas*
sopa de cola de buey *sopa de rabo de boi*
sopa de gallina *canja de galinha*
sopa del día *sopa do dia*
sopa de legumbres *sopa de legumes*
sopa de marisco *sopa de mariscos e peixe*
sopa de rabo de buey *sopa de rabo de boi*
sopa mallorquina *sopa de tomate, carne e ovos*
sopa sevillana *sopa de peixe e maionese*
soufflé de fresones *suflê de morangos*

T

tallarines *talharim*
tallarines a la italiana *tagliatelle*
tarta *torta*
tarta de la casa *torta da casa*
tarta de manzana *torta de maçã*
tencas *tencas (peixe)*
ternera asada *vitela assada*
tocinillos del cielo *creme caramelado muito doce*
tomates *tomates*
tomillo *tomilho*
torrijas *doces*
tortilla a la paisana *omelete de legumes*
tortilla a su gusto *omelete feita a gosto do cliente*
tortilla de escabeche *omelete de peixe*
tortilla española *omelete espanhola com batata e cebola*
tortilla sacromonte *omelete de legumes, miolo e molho*
tortillas variadas *omeletes variadas*
tournedó *tournedo*
trucha *truta*
trucha ahumada *truta defumada*
trucha escabechada *truta marinada*
truchas a la marinera *trutas em molho ao vinho*
truchas molinera *trutas à meunière (truta passada na farinha e frita na manteiga)*
trufas *trufas*
turrón *torrone*

U, V

uvas *uvas*
verduras *verduras*
vieiras *vieiras*
vino de mesa/blanco/rosado/tinto *vinho de mesa/branco/rosê/tinto*

Z

zanahorias a la crema *cenouras ao creme*
zarzuela de mariscos *cozido de mariscos*
zarzuela de pescados y mariscos *cozido de peixe e mariscos*
zumo de... *suco de...*

Minidicionário

Espanhol – Português

O gênero dos substantivos em espanhol listados aqui é indicado pelas abreviações "(m)" e "(f)", isto é, masculino e feminino. Substantivos plurais são seguidos pelas abreviações "(m pl)" ou "(f pl)". Os adjetivos "(adj)" variam segundo o gênero e o número da palavra que descrevem, e aqui é mostrada a forma masculina. Em geral, adjetivos terminados em "o" adotam um "a" final na forma feminina, e os terminados em "e" usualmente ficam invariáveis. Para a forma plural, acrescenta-se um "s".

A

a *para a, à, ao;* a América *para a America;* a la estación *à estação;* al médico *ao médico;*
a las tres *às 3 horas*
abanico (m) *leque (de mão)*
abierto (adj) *aberto*
abogado/a (m/f) *advogado/a*
abrebotellas (m) *abridor de garrafa*
abrelatas (m) *abridor de latas*
abrigo (m) *casaco*
abril *abril*
abrir *abrir*
abuela (f) *avó*
abuelo (m) *avô*
abuelos (m pl) *avós*
aburrido *chato*
acaba de llegar *acabou de chegar*
accidente (m) *acidente*
aceite (m) *óleo*
aceite de oliva *azeite de oliva*
aceituna (f) *azeitona*
acelerador (m) *acelerador*
acera (f) *calçada*
acondicionador (m) *condicionador (cabelo)*
acuerdo: me acuerdo *eu me lembro;* no me acuerdo *eu não me lembro*
adaptador (m) *adaptador*
adelantar *ultrapassar (carro)*
adios *adeus, tchau*
aduana (f) *alfândega*
aerodeslizador (m) *hovercraft*
aeropuerto (m) *aeroporto*
afeitado (m) *barbeado*
afeitarse *barbear-se*
after-shave (m) *pós-barba*
afueras (f pl) *periferia*
agencia (f) *agência*
agencia de viajes (f) *agência de viagens*
agenda (f) *agenda*
agitar *acenar*
agosto *agosto*
agradable *agradável*
agradecer *agradecer*
agua (m) *água;* el agua con gas *a água com gás;* el agua mineral *a água mineral;* el agua potable *a água potável;* el agua sin gas *a água sem gás*
aguja (f) *agulha*
ahora *agora;* ¿y ahora qué? *e agora?*
aire (m) *ar*
aire acondicionado (m) *ar-condicionado*
ajedrez (m) *xadrez*
ajo (m) *alho*
ajustado *justo*
ala (m) *asa*
albañil (m) *pedreiro*
albaricoque (m) *damasco*
albergue juvenil (m) *albergue da juventude*
alcachofa (f) *alcachofra*
alcohol (m) *álcool*
alegre *alegre*
alemán *alemão*
Alemania *Alemanha*
alérgico *alérgico*
alfiler (m) *alfinete*
alfombra (f) *tapete*
algo *alguma coisa, um pouco*
algodón (m) *algodão*
alguien *alguém*
alguna: en alguna parte *em algum lugar*
allí *ali*
almohada (f) *travesseiro*
alojamiento (m) *acomodação*
alquilar *alugar*
alto *alto, comprido;* ¡alto! *pare!*
amante (m/f) *amante*
amargo *amargo*
amarillo *amarelo*
ambulancia (f) *ambulância*
América *América*
americano/a (m/f) *americano/a*
amigo/a (m/f) *amigo/a;* amigo/a por correspondencia (m/f) *amigo/a por correspondência*
amontillado *rum (sherry)*
amor (m) *amor*
ampliación (f) *ampliação*
ampolla (f) *garrafa*
análisis de sangre (m) *exame de sangue*
andar *andar*
andén (m) *plataforma*
anfiteatro (m) *anfiteatro*
anfitriona (f) *anfitriã*
anillo (m) *anel (jóia)*
animal (m) *animal;* los animales de compañía/los animales domésticos *animais de estimação*
año (m) *ano*
antes de... *antes de…*
anticonceptivo (m) *anticoncepcional*
anticongelante (m) *anticongelante*
anticuario (m) *antiquário*
antiséptico (m) *antisséptico*
aparcamiento (m) *estacionamento*
aparcar *estacionar;* prohibido aparcar *proibido estacionar*
apartamento (m) *apartamento*
apellido (m) *sobrenome*
aperitivo (m) *aperitivo*
apetito (m) *apetite*

aprender *aprender*
aprendiz (m) *aprendiz*
apretón de manos (m) *aperto de mão*
araña (f) *aranha*
árbol (m) *árvore*
árbol de levas (m) *eixo de manivelas*
arcón (m) *baú, arca*
arena (f) *areia*
Argelia *Argélia*
armario (m) *armário, guarda-roupa*
arreglar *consertar*
arriba *cima, em cima;* hacia arriba *para cima*
arroyo (m) *arroio, riacho*
arroz (m) *arroz*
arte (m) *arte*
artículos de punto (m pl) *artigos de tricô*
artista (m/f) *artista*
asado *assado*
ascensor (m) *elevador*
asiento (m) *assento;* el asiento infantil *assento para carro (para bebê)*
asistenta (f) *faxineira*
asmático *asmático*
aspiradora (f) *aspirador de pó*
aspirina (f) *aspirina*
atar *amarrar*
atasco (m) *congestionamento de trânsito*
aterrizar *aterrissar*
ático (m) *sótão*
atractivo *atraente (oferta)*
audífono (m) *audiofone*
auriculares (m pl) *fones de ouvido*
Australia *Austrália*
australiano/a (m/f) *australiano/a*
autobús (m) *ônibus;* autobús del aeropuerto *ônibus do aeroporto*
autocaravana (f) *caminhonete*
automático *automático*
autónomo/a (m/f) *autônomo/a*
autopista (f) *auto-estrada*
avería (f) *quebra (carro);* he tenido una avería *tive uma quebra*
aves (f pl) *aves*
avión (m) *avião*
avispa (f) *vespa*
ayer *ontem*
ayuda (f) *ajuda*
ayudar *ajudar*
ayuntamiento (m) *prefeitura*
azúcar (m) *açúcar*
azul *azul*

B

bacon (m) *bacon*
bailar *dançar*
baile (m) *dança*
bajarse *descer (ônibus etc.); sair*
bajo *baixo*
balandro (m) *barco a vela*
balcón (m) *sacada*
balón (m) *bola (de futebol);* el balón de playa *bola de praia*
baloncesto (m) *basquete*
bañador (m) *maiô (natação), sunga*
banco (m) *banco*
banda (f) *banda (músicos)*
bandeja (f) *bandeja*
bandera (f) *bandeira*
baño (m) *banho, banheiro, toalete;* darse un baño *tomar um banho;* el traje de baño *maiô, sunga,*
bar (m) *bar (drinques)*
baraja (f) *baralho de cartas*
barato *barato (preço)*
barba (f) *barba*
barbacoa (f) *churrasco*
barca (f) *bote;* la barca de remos *barco a remo*
barco (m) *barco, navio*
barra de labios (f) *batom*
bastante *bastante*
basura (f) *lixo*
batería (f) *bateria (carro)*
bebé (m) *bebê*
beber *beber;* ¿quiere beber algo? *quer beber alguma coisa?*
bebida (f) *bebida*
beige *bege*
beneficios (m pl) *lucros*
berenjenas (f pl) *berinjelas*
biblioteca (f) *biblioteca*
bicicleta (f) *bicicleta;* la bicicleta de montaña *a mountain bike*
bien *bom;* te sienta bien *cai bem em você*
bienvenido *bem-vindo*
bigote (m) *bigode*
billete (m) *entrada, tíquete, passagem (trem etc.);* billete de ida y vuelta (m) *passagem de ida e volta*
billete de banco (m) *nota de dinheiro*
bizcocho (m) *bolo*
blanco *branco*
blando *suave*
bloc (m) *bloco de notas*
bloque de oficinas (m) *edifício de escritórios*
blusa (f) *blusa*
boca (f) *boca*
bocadillo (m) *sanduíche*
boda (f) *casamento*
bodega (f) *adega*
bolígrafo (m) *caneta esferográfica*
bollo (m) *pãozinho*
bolsa (f) *saquinho, pacote (doces, salgadinhos);* la bolsa de basura *saco de lixo;* la bolsa de plástico *a sacola de plástico*
bolsillo (m) *bolso*
bolso (m) *bolsa*
bombilla (f) *lâmpada*
bonito *bonito*
bordado (m) *bordado*
borde (m) *beirada, borda, lado*
borracho *bêbado*
bosque (m) *bosque*
bota (f) *bota*
botas de agua (f pl) *cantil de água*
botella (f) *garrafa*
botón (m) *botão*
Brasil *Brasil*
brasileño/a *brasileiro/a*
brazo (m) *braço*
bridge (m) *bridge (jogo)*
británico/a (m/f) *britânico/a*
brocha (f) *broxa*
broche (m) *broche*
broma (f) *brincadeira*
bronceado *bronzeado*
broncearse *bronzear-se*
buenas noches *boa-noite*
buenas tardes *boa-tarde*
bueno *bom*
buens días *bom-dia*
bufanda (f) *cachecol*
buzón (m) *caixa de correio*

C

cabeza (f) *cabeça*
cabina telefónica (f) *cabina telefônica*
cable alargador (m) *extensão elétrica*
cacahuetes (m pl) *amendoins*
cada *cada;* veinte euros cada uno *20 euros cada um*
café (m) *café;* el café con leche *o café com leite;* el café instantáneo

o café instantâneo; el café solo *o café expresso*
caja (f) *caixa (recipiente), caixa (de pagamento);* la caja de bombones *a caixa de bombons;* la caja de cambios *a caixa de câmbio*
cajero (m) *caixa (o);* el cajero automático *o caixa eletrônico*
cajetilla (f) *maço (cigarros)*
calambre (m) *cãibra*
calcetines (m pl) *meias*
calculadora (m) *calculadora*
calefacción (f) *aquecimento;* la calefacción central *o aquecimento central*
calentador (de agua) (m) *aquecedor de água*
calidad (f) *qualidade*
caliente *quente*
callado *calado (pessoa)*
calle (f) *rua;* la calle principal *a rua principal*
caluroso *quente (tempo)*
calzoncillos (m pl) *cuecas*
cama (f) *cama*
cámara de fotos (f) *câmera fotográfica*
cámara neumática (f) *câmara de pneu*
camarera (f) *garçonete*
camarero (m) *garçom;* ¡camarero! *garçom!*
cambiar *trocar (dinheiro)*
cambiarse *trocar (de roupa)*
cambio (m) *câmbio (moeda), taxa de câmbio*
camino (m) *caminho*
camión (m) *caminhão*
camisa (f) *camisa*
camiseta (f) *camiseta*
camisón (m) *camisola*
campana (f) *sino (igreja)*
camping (m) *camping*
camping-gas (m) *fogareiro*
campo (m) *campo, zona rural*
Canadá *Canadá*
canadiense *canadense*
canal (m) *canal*
canción (f) *canção*
candado (m) *cadeado*
cangrejo (m) *caranguejo*
cansado *cansado*
cantar *cantar*
capazo (m) *cesto*
capó (m) *capô (carro)*
cara (f) *cara*
caramelos (m) *caramelos*
caravana (f) *trailer*
carburador (m) *carburador*
cardenal (m) *cardeal*
cargador (m) *carregador*
carne (f) *carne*
carne de cerdo (f) *carne de porco*
carne de vaca (f) *carne de vaca*
carnet de conducir (m) *carteira de habilitação*
carnicería (f) *açougue*
caro *caro (preço)*
carpintero (m) *carpinteiro*
carretera (f) *estrada*
carrito (m) *carrinho*
carta (f) *carta (correio), cardápio;* la carta de vinos *a carta de vinhos*
cartera (f) *carteira, valise, pasta*
carterista (m) *punguista, batedor de carteira*
cartero (m) *carteiro*
casa (f) *casa;* en casa *em casa*
casado *casado*
cascada (f) *cachoeira*
casi *quase*
cassette (f) *cassete*
castaño *castanho (cabelo)*
castañuelas (f pl) *castanholas*
castellano *castelhano*
castillo (m) *castelo*
Cataluña *Catalunha*
catedral (f) *catedral*
catedrático (m) *catedrático*
católico (adj) *católico*
catorce *catorze*
cazo (m) *frigideira*
cebo (m) *isca*
cebolla (f) *cebola*
ceja (f) *sobrancelha*
cementerio (m) *cemitério*
cena (f) *jantar*
cenicero (m) *cinzeiro*
centro (m) *centro, centro da cidade;* el centro deportivo *o centro esportivo*
centro: en el centro *no meio*
cepillar el pelo *escovar o cabelo*
cepillo (m) *escova (para limpar);* el cepillo del pelo *a escova de cabelo;* el cepillo de dientes *a escova de dentes*
cerca *perto, junto, cerca (muro ou sebe)*
cereza (f) *cereja*
cerilla (f) *fósforo*
cerrado *fechado*
cerrar *fechar*
cerrojo (m) *ferrolho (de porta)*
certificado (m) *certificado*
cerveza (f) *cerveja*
césped (m) *gramado*
cesto (m) *cesto*
chal (m) *xale*
chalet (m) *chalé*
champiñones (m pl) *cogumelos*
champú (m) *xampu*
chaparrón (m) *aguaceiro (chuva)*
chaqueta (f) *jaqueta, paletó*
charcutería (f) *confeitaria*
charla (f) *conversa, bate-papo*
cheque (m) *cheque;* el cheque de viaje *travellers' cheque*
chica (f) *garota*
chicle (m) *chiclete*
chico (m) *rapaz*
chimenea (f) *chaminé, lareira*
chincheta (f) *tachinha*
chiste (m) *piada*
chocolate (m) *chocolate*
chuleta (f) *bisteca*
chupa-chups (m) *pirulito*
ciclismo (m) *ciclismo*
ciclomotor (m) *ciclomotor*
ciego *cego*
cielo (m) *céu*
cien *cem*
ciencias (f pl) *ciências*
cierto *certo, verdadeiro*
cigalas (f pl) *lagostins*
cigarrillo (m) *cigarro*
cinco *cinco*
cincuenta *cinqüenta*
cine (m) *cinema*
cinta (f) *fita cassete;* la cinta de vídeo *a fita de vídeo*
cinturón (m) *cinto;* el cinturón de seguridad *o cinto de segurança*
cita (f) *compromisso, hora marcada*
ciudad (f) *cidade, centro da cidade;* el centro ciudad *o centro da cidade*
clara *clara (água); iluminada*
clase (f) *classe, aula*
clavo (m) *prego*
claxon (m) *buzina*
cliente (m) *cliente*

cobrador (m) *cobrador (ônibus)*
cobrar *cobrar*
cocer *cozinhar*
cocer al horno *cozer no forno*
coche (m) *carro*
coche-cama (m) *carro-leito*
cochecito (m) *carrinho*
cocina (f) *fogão*
cocina (f) *cozinha*
cocinero/a (m/f) *cozinheiro/a*
coctel (m) *coquetel*
código *código;* el código de la circulación *o código de trânsito;* el código postal *o código postal*
codo (m) *cotovelo*
coger *pegar, colher;* coger el tren *pegar o trem*
cojín (m) *almofada*
col (f) *couve*
cola (f) *fila*
colada (f) *cesto de roupa para lavar*
colcha (f) *colcha*
colchón (m) *colchão*
colchoneta (f) *colchonete*
colección (f) *coleção (selos etc.)*
coliflor (f) *couve-flor*
collar (m) *coleira (de animal)*
collar (m) *colar*
combinacíon (f) *combinação (lingerie)*
comedor (m) *sala de jantar*
comer *comer*
comida (f) *comida, refeição, almoço*
comida ligera (f) *lanche*
comisaría (f) *delegacia de polícia*
como *como;* como éste *como este;* ¿cómo? *como assim?;* ¿cómo se llama usted? *como o senhor se chama?* ¿cómo dice? *desculpe, o que o senhor disse?*
cómoda (f) *cômoda (mobiliário)*
compañía aérea (f) *companhia aérea*
compartimento (m) *compartimento*
completamente *completamente*
complicado *complicado*
compra (f) *compra*
comprar *comprar*
comprendo *entendo*
compresas (f pl) *compressas*
con *com*
coñac (m) *conhaque*
concha (f) *concha*
concierto (m) *concerto*
concurrido *cheio de gente*
condón (m) *preservativo, camisinha*
conducir *guiar*
conductor (m) *motorista*
conejo (m) *coelho*
conferencia (f) *conferência, palestra;* la sala de conferencias *a sala de conferências*
congelador (m) *freezer*
congelados (m pl) *comida congelada*
conocer *conhecer (pessoa, lugar)*
conserje (m) *porteiro (hotel)*
consulado (m) *consulado*
contable (m/f) *contador*
contendor de basura (m) *lixeira*
contento *contente*
contestador automático (m) *secretária eletrônica*
contra *contra*
contraseña (f) *senha*
contrato (m) *contrato*
copa (f) *copo*
corazón (m) *coração*
corazones (m pl) *ouros (jogo de cartas)*
corbata (f) *gravata*
corcho (m) *cortiça*
cordero (m) *cordeiro*
cordones (de los zapatos) (m pl) *cordões dos sapatos*
correa (f) *correia*
correcto *correto*
correo (m) *correio;* el correo certificado *carta registrada;* el correo electrónico *o e-mail*
Correos: (la oficina de) Correio (f) *agência de correio*
correr *correr*
corrida de toros (f) *corrida de touros*
corriente *comum, usual*
cortadura (f) *corte*
cortar *cortar*
cortauñas (m) *cortador de unhas*
corte de pelo (m) *corte de cabelo*
cortina (f) *cortina*
corto *curto*
coser *costurar*
cosméticos (m pl) *cosméticos*
costar *custar;* ¿cuánto cuesta? *quanto custa?*
crema (f) *creme*
crema de zapatos (f) *graxa de sapatos*
cremallera (f) *zíper*
creo que... *eu acho que...*
crepes (f pl) *panquecas*
crisis nerviosa (f) *crise nervosa*
cristal (m) *vidro*
crucero (m) *cruzeiro*
cuaderno (m) *caderno*
cuadrado (adj) *quadrado*
¿cuál? *qual?*
cualquiera de ellos *qualquer um*
¿cuándo? *quando?*
¿cuánto cuesta? *quanto custa?, quanto é?*
¿cuántos años tiene? *quantos anos tem?*
cuarenta *quarenta*
cuarto (m) *quarto*
cuarto de baño (m) *banheiro*
cuarto de estar (m) *sala de estar*
cuatro *quatro*
cubo (m) *balde;* el cubo de la basura *o balde de lixo*
cucaracha (f) *barata*
cuchara (f) *colher*
cuchillas de afeitar (f pl) *lâminas de barbear*
cuchillo (m) *faca*
cuello (m) *pescoço*
cuello (m) *colarinho*
cuenco (m) *tigela*
cuenta (f) *conta*
cuerda (f) *corda*
cuerno (m) *chifre*
cuero (m) *couro*
cuerpo (m) *corpo*
cueva (f) *caverna*
¡cuidado! *cuidado!*
cumpleaños (m) *aniversário*
cuna (f) *berço*
cura (m) *padre*
curry (m) *curry*

D

dar *dar;* dar la bienvenida *dar as boas-vindas*
de *de;* de algún modo *de algum modo;* de ida *de ida (passagem)*
debajo de *embaixo de*
decir *dizer;* ¿qué ha dicho? *o que ele disse?;* ¿cómo se dice...? *como se diz...?*
declaración (f) *declaração*
dedo (m) *dedo*
delante de *em frente a...*

delgado *magro*
demasiado *demais (excessivamente)*
démelo *dê (isso) para mim*
dentadura postiza (f) *dentadura*
dentista (m/f) *dentista*
denuncia (f) *denúncia*
departemento (m) *departamento*
deporte (m) *esporte*
derecho (m) *direito;* no hay derecho *não é justo; direito (oposto de avesso)*
desayuno (m) *café da manhã*
descansar *descansar*
descuento (m) *desconto*
desmayarse *desmaiar*
desodorante (m) *desodorante*
despacho (m) *escritório*
despegue (m) *decolagem*
despertador (m) *despertador*
después *depois;* después de... *depois de...*
destornillador (m) *chave de fenda*
detergente (m) *detergente*
detrás de... *atrás de...*
devolver *devolver*
día (m) *dia;* el día de fiesta *o feriado*
diabético *diabético*
diamantes (m pl) *diamantes*
diarrea (f) *diarréia*
diccionario (m) *dicionário*
diciembre *dezembro*
diecinueve *dezenove*
dieciocho *dezoito*
dieciséis *dezesseis*
diecisiete *dezessete*
diente (m) *dente*
diesel *diesel*
diez *dez*
diferente *diferente*
difícil *difícil*
dígame *alô (ao telefone)*
dinero (m) *dinheiro, dinheiro vivo;* no tengo dinero *não tenho dinheiro*
dirección (f) *endereço*
director/a (m/f) *gerente (hotel), regente (orquestra)*
disco (m) *disco (música)*
disco compacto (m) *compact disc*
discoteca (f) *discoteca*
diseñador/a (m/f) *designer*
disponible *disponível*
distancia *distância;* ¿qué distancia hay a...? *qual a distância até...?*
distinto (adj) *diferente;* ¡eso es distinto! *isso é diferente!;* quería otro distinto *gostaria de um diferente*
diversiones (f pl) *diversões*
divertido *divertido*
divorciado *divorciado*
doce *doze*
documento (m) *documento*
dólar (m) *dólar*
dolor (m) *dor;* el dolor de cabeza *a dor de cabeça;* el dolor de estómago *a dor de estômago;* el dolor de muelas *a dor de dente*
domingo *domingo*
¿dónde? *onde?;* ¿dónde está...? *onde está...?*
dónut (m) *doughnut*
dormir *dormir*
dormitorio (m) *dormitório*
dos *dois;* los dos *ambos*
ducha (f) *ducha, chuveirada*
dulce *doce*
dunas (f pl) *dunas*
durante *durante*
duro *duro*
duty-free (m) *free shop*

E

echar al correo *colocar no correio*
echar el cerrojo *passar a tranca*
edificio (m) *edifício*
edredón (m) *edredom*
eje (m) *eixo*
ejecutivo (m) *executivo*
ejemplo (m) *exemplo;* por ejemplo *por exemplo*
él (m) *ele, o;* es para él *é para ele*
elástico *elástico*
electricidad (f) *eletricidade*
electricista (m/f) *eletricista*
eléctrico *elétrico*
ella (f) *ela, a;* es para ella *é para ela* ellos/ellas *eles/elas;* es para ellos/ellas *é para eles/elas*
email (m) *e-mail;* la dirección de email *o endereço eletrônico*
embajada (f) *embaixada*
embarazada *grávida*
embarazoso *embaraçoso*
emergencia (f) *emergência*
empaste (m) *obturação (nos dentes)*
empezar *começar*
empleado (m) *empregado*
empujar *empurrar*
en *em, no, na;* en inglés *em inglês;* en el hotel *no hotel;* en Barcelona *em Barcelona;* en Correos *no correio;* en su casa *na sua casa*
encaje (m) *crochê*
encantado/a (m/f) *prazer em conhecê-lo/la*
encargado (m) *encarregado*
encendedor (m) *isqueiro*
encendido (m) *ignição*
enchufe (m) *tomada*
encima de... *em cima de...*
encuentro (m) *reunião;* no me encuentro bien *não me sinto bem*
enero *janeiro*
enfermo/a (m/f) *doente*
enfrente de *em frente a;* enfrente del hotel *em frente ao hotel*
¡enhorabuena! *parabéns!*
ensalada (f) *salada*
entender *entender;* no entiendo *não compreendo*
entonces *então*
entrada (f) *entrada*
entrada (f) *entrada, ingresso (cinema etc.)*
entrantes (m pl) *entradas*
entre... *entre...*
entrega (f) *entrega*
enviar por fax *mandar por fax*
epiléptico *epilético*
equipaje (m) *bagagem;* el equipaje de mano *a bagagem de mão*
equipo de música (m) *equipamento de som*
equivocación (f) *erro*
equivocado *errado*
era *era (formal): ele/ela era;* éramos *éramos;* eran *eles eram;* eras *você era (informal);* eres *você é (informal);* es *é (formal);* es *ele/ela é*
escalera (f) *escada;* la escalera mecánica *a escada rolante;* las escaleras *a escadaria*
escarcha (f) *neve*
escocés/a (m/f) *escocês/a*

Escocia *Escócia*
escopeta (f) *espingarda*
escuela (f) *escola*
ese/esa *este/esta;* ese autobús *este ônibus;* ese hombre *este homem;* esa mujer *esta mulher;* ¿qué es eso? *o que é isso?*
ése/ésa *aquele/aquela*
esmalte de uñas (m) *esmalte de unha*
esos/esas *aqueles, aquelas;* esos hombres *aqueles homens;* esas mujeres *aquelas mulheres*
espalda (f) *costas*
España *Espanha*
español/a (m/f) *espanhol/a*
especialidad (f) *especialidade*
espejo (m) *espelho*
esperar *esperar;* ¡espere! *espere!*
espinacas (f pl) *espinafre*
espuma de afeitar (f) *espuma de barbear*
espuma moldeadora (f) *gel de cabelo*
esquina (f) *esquina*
esquís (m pl) *esquis*
está *está (formal);* está *ele/ela está;* esta noche *esta noite, hoje à noite;* estaba *ele/ela estava; você estava (formal)*
estábamos *estávamos*
estaban *estavam*
estabas *estavas (informal)*
estaca (f) *estaca*
estación (f) *estação;* la estación de autobuses *a estação rodoviária;* la estación de esquí *a estação de esqui;* la estación de metro *a estação de metrô*
Estados Unidos *Estados Unidos*
estamos *estamos*
están *estão*
estanco (m) *tabacaria*
estaquilla (f) *estaca de barraca*
estás *estás*
estatua (f) *estátua*
este *leste;* el Este *o Oriente*
éste/ésta *este/esta;* este hombre *este homem;* esta mujer *esta mulher;* ¿qué es esto? *o que é isto?;* éste es el señor... *este é o senhor...*
estómago (m) *estômago*
estos/estas *estes/estas;* estos hombres *estes homens;* estas mujeres *estas mulheres;* éstos son míos *estes são meus*
estoy *estou*
estrecho (adj) *estreito*
estrella (f) *estrela*
estudiante (m/f) *estudante*
estufa (f) *estufa, aquecedor*
estúpido *estúpido*
etiqueta (f) *etiqueta*
evidente *óbvio*
excelente *excelente*
exceso de equipaje (m) *excesso de bagagem*
excursión (f) *excursão, tour*
exposición (f) *exposição*
externa *externa*
extintor (m) *extintor de incêndio*
extranjero/a (m/f) *estrangeiro/a*

F

fácil *fácil*
factor de protección (m) *fator de proteção (FPS)*
factura (f) *fatura, pedido*
facturación (f) *check-in*
facturar *fazer o check in*
falda (f) *saia*
falta: no hace falta *não é preciso*
familia (f) *família*
fan (m) *fã*
fantástico *fantástico*
farmacia (f) *farmácia*
faros (m pl) *faróis*
fax (m) *fax*
febrero *fevereiro*
¡felicidades! *feliz aniversário!*
feliz *feliz*
feo *feio*
feria (f) *feira, feira de negócios*
ferretería (f) *loja de ferragens*
ferrocarril (m) *ferrovia*
ferry (m) *ferry-boat*
fiebre (f) *febre;* la fiebre del heno *a febre do feno*
fiesta (f) *festa*
filete (m) *filé*
filtro (m) *filtro*
fin (m) *fim;* ¡por fin! *finalmente!*
final (m) *final*
fino *seco (sherry)*
flash (m) *flash (câmera)*
flauta (f) *flauta*
flequillo (m) *cacho de cabelo*
flexo (m) *luminária flexível*
flor (f) *flor*
folleto (m) *folheto*
fonda (f) *hospedaria*
fondo (m) *fundo*
fontanero/a (m/f) *encanador*
foto(grafía) (f) *fotografia*
fotocopiadora (f) *fotocopiadora*
fotografiar *fotografar*
fotógrafo (m) *fotógrafo*
fotómetro (m) *fotômetro*
frambuesa (f) *framboesa*
francés *francês*
Francia *França*
fregadero (m) *pia*
freír *fritar*
frenar *frear*
freno (m) *freio;* el freno de emergencia *o freio de emergência;* el freno de mano *o freio de mão*
fresas (f pl) *morangos*
fresco *gelado, fresco*
frigorífico (m) *geladeira*
frío (adj) *frio*
frito *frito*
frontera (f) *fronteira*
fruta (f) *fruta*
fuego (m) *fogo;* los fuegos artificiales *os fogos de artifício*
fuel-oil *diesel (óleo)*
fuente (f) *fonte*
fuera *fora*
fuerte *forte*
fumar *fumar*
funcionar *funcionar*
fútbol (m) *futebol*

G

gabardina (f) *capa de chuva*
gafas (f pl) *óculos;* las gafas de sol *os óculos de sol*
galería de arte (f) *galeria de arte*
Gales *País de Gales*
galés/a *galês/a*
galleta (f) *biscoito*
gambas (f pl) *patas*
ganga (f) *pechincha*
garage (m) *garagem*
garantía (f) *garantia*
garantizar *garantir*
garganta (f) *garganta*
gas para el encendedor (m) *fluido para isqueiro*
gasolina (f) *gasolina*
gasolinera (f) *posto de gasolina*
gato (m) *gato*
gay *gay (homossexual)*
gel (m) *gel (cabelo);* el gel de ducha *o gel de banho*

gemelos (m pl) *algemas*
general: en general *geralmente*
gente (f) *gente, pessoas*
gerente (m/f) *gerente*
Gibraltar *Gibraltar*
ginebra (f) *gin*
gobierno (m) *governo*
Golfo de Vizcaya (m) *Golfo de Viscaya*
goma (f) *elástico, borracha (material)*
goma de borrar (f) *borracha de apagar*
gordo (adj) *gordo*
gorra (f) *boné*
gorro (m) *gorro de lã*
gotas (f pl) *gotas*
gracias *obrigado*
Gran Bretaña *Grã-Bretanha*
grande *grande*
grandes almacenes (m pl) *lojas de departamentos*
granja (f) *granja, fazenda*
granjero (m) *granjeiro, fazendeiro*
grapadora (f) *grampeador*
grasa (f) *gordura (carne etc.)*
gratis *gratuito*
grifo (m) *torneira*
gris *cinza*
gritar *gritar*
grosellas negras (f pl) *amoras*
grueso *grosso*
grupo (m) *grupo*
guantes (m pl) *luvas*
guapo *atraente (para pessoas)*
guerra (f) *guerra*
guía (m/f) *guia;* la guía telefónica *a lista telefônica;* la guía turística *o guia turístico*
guisantes (m pl) *ervilhas*
guisar *cozinhar*
guitarra (f) *violão*
gustar *gostar;* me gusta... *eu gosto...;* me gusta nadar *gosto de nadar*

H

habitación (f) *quarto;* la habitación doble *quarto de casal;* la habitación individual *quarto individual;* habitaciones libres *quartos disponíveis*
hablar *falar;* ¿habla...? *fala...?;* no hablo... *não falo...*
hacer *fazer;* hacer autostop *pegar carona;* hacer footing *fazer footing, correr;* hacer punto *fazer tricô, tricotar;* hacer transbordo *fazer baldeação;* hace sol *está ensolarado*
hacha (m) *machado*
hacia *para, rumo a*
hacia abajo *para baixo*
hambre *fome;* tengo hambre *estou com fome*
hamburguesa (f) *hambúrguer*
hámster (m) *hamster*
harina (f) *farinha*
hasta *até*
hay... *tem... ;* ¿hay...? *tem...?*
hecho *feito (fazer)*
helado (m) *sorvete*
hepatitis (f) *hepatite*
herida (f) *ferida*
hermana (f) *irmã*
hermano (m) *irmão*
hervido *fervido*
hervidor de agua (m) *chaleira*
hervir *ferver*
hidroaleta (f) *hidrofólio*
hielo (m) *gelo*
hierba (f) *grama (vegetal)*
hierro (m) *ferro*
hígado (m) *fígado*
higo (m) *figo*
hija (f) *filha*
hijastra (f) *enteada*
hijastro (m) *enteado*
hijo (m) *filho*
hincha (m) *torcedor*
historia (f) *história*
hobby (m) *hobby*
hoguera (f) *fogueira*
hoja (f) *folha*
hojalata (f) *folha-de-flandres*
hola *olá*
hombre (m) *homem*
hombro (m) *ombro*
homeopatía (f) *homeopatia*
honrado *honesto*
hora (f) *hora;* ¿qué hora es? *que horas são?*
horario (m) *horário;* el horario de apertura *o horário de abertura*
horca (f) *forcado*
horno (m) *forno*
horrible *horrível, terrível*
hospital (m) *hospital*
hoy *hoje*
hueso (m) *osso*
huevo (m) *ovo*
húmedo *úmido*
humo (m) *fumaça*

I

idioma (m) *idioma*
iglesia (f) *igreja*
imperdible (m) *alfinete*
imposible *impossível*
impreso de solicitud (m) *formulário de inscrição*
impresora (f) *impressora*
incendio (m) *incêndio*
incluido *incluído*
indigestión *indigestão*
infección (f) *infecção*
información (f) *informação*
informe (m) *relatório*
ingeniería (f) *engenharia*
Inglaterra *Inglaterra*
inglés/a *inglês/esa*
inhalador (m) *inalador (para asma etc.)*
inmediatamente *imediatamente*
insecto (m) *inseto*
insolación (f) *insolação*
insomnio (m) *insônia*
instrumento musical (m) *instrumento musical*
intentar *tentar*
interesante *interessante*
intermitiente (m) *pisca-alerta*
internet (m) *internet*
interpretar *interpretar*
intérprete (m/f) *intérprete*
interruptor (m) *interruptor*
intoxicación alimenticia (f) *intoxicação alimentar*
invitación (f) *convite*
invitada (f) *convidada*
inyección (f) *injeção*
ir *ir;* ir a esquiar *ir esquiar;* ir de compras *sair de compras*
Irlanda *Irlanda*
Irlanda del Norte *Irlanda do Norte*
irlandés/esa (m/f) *irlandês/a*
isla (f) *ilha*
Italia *Itália*
italiano/a (m/f) *italiano/a*
izquierdo *esquerdo*

J

jabón (m) *sabão;* el jabón de lavadora *o sabão em pó*
jamón (m) *presunto*
jarabe (m) *xarope*
jardín (m) *jardim*
jarrita (f) *jarrinha*
jarrón (m) *vaso*
jaula (f) *jaula*

jazz (m) *jazz*
jefe (m) *chefe*
jengibre (m) *gengibre*
jerez (m) *sherry*
jeringuilla (f) *seringa*
jersey (m) *malha*
joven *jovem*
joyería (f) *joalheria*
judías (f pl) *feijão*
jueves *quinta-feira*
jugar *brincar*
juguete (m) *brinquedo*
julio *julho*
junio *junho*
junto a *junto a;* junto a la puerta *junto à porta;* junto a la ventana *junto à janela*
juntos *juntos*

K, L

kilo (m) *quilo*
kilómetro (m) *quilômetro*
kiosko de periódicos (m) *banca de jornal*
la (f) *a*
laca (f) *laquê*
lado de (f) *ao lado de*
ladrón (m) *ladrão*
lago (m) *lago*
lámpara (f) *luminária*
lamparilla de noche (f) *abajur*
lana (f) *lã*
langosta (f) *lagosta*
lápiz (m) *lápis*
largo *comprido*
las (f pl) *as*
lata (f) *lata*
lavabo (m) *pia do banheiro*
lavandería automática (f) *lavanderia automática*
lavavajillas (m) *lavadora de pratos*
laxante (m) *laxante*
leche (f) *leite;* la leche limpiadora *o leite de limpeza (para a pele)*
lechuga (f) *alface*
leer *ler*
lejía *alvejante*
lejos *longe, distante*
lengua (f) *língua*
lente (f) *lente;* las lentes de contacto *as lentes de contato;* las lentes de contacto semi-rígidas *as lentes de contato rígidas*
lento *lento*
letra (f) *letra*
levantarse *levantar*
libra (f) *libra (esterlina)*
libre *livre;* libre de impuestos *sem impostos*
libro (m) *livro;* el libro de frases *o livro de frases*
licor (m) *licor*
ligero *leve*
lima (f) *lima (fruta)*
lima de uñas (f) *lixa de unhas*
límite de velocidad (m) *limite de velocidade*
limón (m) *limão*
limonada (f) *limonada*
limpio (adj) *limpo*
línea (f) *linha (telefone etc.)*
linterna (f) *lanterna*
lista (f) *lista*
listo *esperto; pronto*
literatura (f) *literatura*
litro (m) *litro*
llamar por teléfono *telefonar*
llave (f) *chave;* la llave de las tuercas *a chave de roda;* la llave inglesa *a chave-inglesa*
llegar *chegar*
lleno *cheio, lotado;* estoy lleno *estou cheio*
llorar *chorar*
lluvia (f) *chuva*
lo/la *o/a*
lo antes posible *o mais breve possível*
loción (f) *loção;* la loción anti-mosquitos *o repelente de insetos;* la loción bronceadora *o bronzeador*
loco *louco*
lona impermeable (f) *lona impermeável*
longitud (f) *comprimento*
los (m pl) *os*
lo siento *sinto muito*
luces de posición (f pl) *luzes de seta*
lugar (m) *lugar, atração;* los lugares de interés de... *as atrações de...*
luna (f) *lua*
lunes *segunda-feira*
luz (f) *luz*

M

madastra (f) *madrasta*
madera (f) *madeira*
madre (f) *mãe*
maduro *maduro*
malas hierbas (f pl) *ervas-daninhas*
maleta (f) *valise*
maletero (m) *porta-malas (carro)*
malo *ruim, pobre (qualidade)*
mama *mamãe*
mañana *manhã*
mañana (f) *amanhã;* por la mañana *de manhã*
mandar *mandar*
mandarina (f) *mexerica*
manga (f) *manga (roupa)*
mano (f) *mão*
manta (f) *cobertor, manta*
mantequilla (f) *manteiga*
manzana (f) *maçã*
mapa (m) *mapa*
maquillaje (m) *maquiagem*
maquina cortacésped (f) *cortador de grama*
máquina de escribir (f) *máquina de escrever*
máquina de fotos (f) *câmera*
mar (m) *mar*
marea (f) *maré*
mareado *enjoado*
margarina (f) *margarina*
marido (m) *marido*
mariscos (m pl) *mariscos*
mármol (m) *mármore*
marrón *marrom*
Marruecos *Marrocos*
martes *terça*
martillo (m) *martelo*
marzo *março*
más *mais;* más de... *mais do que...* ; más tarde *mais tarde;* algo más *alguma coisa mais;* alguien más *alguém mais*
mástil (m) *pau da barraca*
matrícula (f) *chapa do carro*
mayo *maio*
mecánico (m) *mecânico*
media pensión *meia pensão*
medianoche *meia-noite*
medias (f pl) *meias*
medicina (f) *remédio*
médico/a (m/f) *médico/a*
medio *meio;* media hora *meia hora*
mediodía (m) *meio-dia*
Mediterráneo *Mediterrâneo*
medusa (f) *água-viva*
mejillones (m pl) *mexilhões*
mejor *melhor*
melocotón (m) *pêssego*
melón (m) *melão*
menos *menos*
mensaje (m) *mensagem*
mensajería de voz (f) *correio de voz*
menú (del día) (m) *prato do dia*

menudo: a menudo *com freqüência*
mercado (m) *mercado*
mermelada (f) *geléia;* la mermelada de naranja *a geléia de laranja*
mes (m) *mês*
mesa (f) *mesa;* la mesa de escritorio *a escrivaninha*
mesilla de noche (f) *criado-mudo*
metro (m) *metrô*
mi(s) *meu(s);* mi libro *meu livro;* mis llaves *minhas chaves*
microondas (m) *microondas*
miel (f) *mel*
miércoles *quarta-feira*
mil *mil*
minusválido *deficiente*
minuto (m) *minuto*
mío *meu;* es mío *é meu*
mirar *olhar*
misa (f) *missa*
mismo *mesmo;* el mismo vestido *o mesmo vestido;* la misma gente *as mesmas pessoas;* lo mismo otra vez, por favor *o mesmo de sempre, por favor*
mochila (f) *mochila*
moda (f) *moda*
modem (m) *modem*
mojado *molhado*
moneda (f) *moeda*
monedero (m) *bolsa*
monitor (m) *monitor*
montaña (f) *montanha*
monte (m) *monte*
monumento (m) *monumento*
morado *roxo*
moras (f pl) *amoras*
mordedura (f) *mordida*
morder *morder*
morir *morrer*
mosaico (m) *mosaico*
mosca (f) *mosca*
mosquito (m) *mosquito*
mostaza (f) *mostarda*
mostrador (m) *balcão;* el mostrador de facturación *o balcão de check-in*
motocicleta (f) *motocicleta*
motor (m) *motor*
motora (f) *barco a motor*
mover *mover, mexer;* moverse *mexer-se;* ¡no se mueva! *não se mexa!*
mucho *muito;* mucho mejor *muito melhor;* mucho más despacio *bem mais devagar;* no muchos *não muitos*
mudarse (de casa) *mudar (de casa)*
muebles (m pl) *móveis*
muela (f) *molares (dentes)*
muelle (m) *cais; mola (mecânica)*
muerto *morto*
mujer (f) *mulher, esposa*
muletas (f pl) *muletas*
muñeca (f) *pulso*
muro (m) *muro*
museo (m) *museu*
música (f) *música;* la música clásica *a música clássica;* la música folklórica *a música folclórica;* la música pop *a música pop*
músico (m) *músico*
muy *muito*

N

nací en... *nasci em…*
nada *nada;* no queda nada *não sobrou nada;* no sirve de nada *não serve para nada*
nadar *nadar*
nadie *ninguém*
naranja (f) *laranja*
nariz (f) *nariz*
nata (f) *nata*
natación (f) *natação*
náuseas *enjôo;* tengo náuseas *estou enjoado*
navaja (f) *navalha*
navidad (f) *Natal*
necesario *necessário*
necesitar: necesito... *eu preciso…*
negar *negar*
negativo (m) *negativo (foto)*
negocio (m) *negócio*
negro *preto*
neozelandés/esa *neozelandês/eza*
neumático (m) *pneu*
ni... ni... *nem… nem…*
niebla (f) *neblina*
nieta (f) *neta*
nieto (m) *neto*
nieve (f) *neve*
ninguno/ninguna: ninguno de ellos *nenhum deles;* en ninguna parte *em nenhum lugar*
niño/niña (m/f) *menino/menina;* los niños *as crianças;* el niño pequeño *o bebê*
no (resposta) *não;* no hay de qué *de nada;* no importa *não tem importância*
no es/está... *não está…*
noche (f) *noite*
nombre (m) *nome;* el nombre de pila *primeiro nome*
norte (m) *norte*
nosotros/nosotras *nós;* es para nosotros/nosotras *é para nós*
noticias (f pl) *notícias*
novela (f) *novela*
noventa *noventa*
novia (f) *namorada*
noviembre *novembro*
novio (m) *namorado*
nudista (m/f) *nudista*
nuestro *nosso;* es nuestro *é nosso*
Nueva Zelanda *Nova Zelândia*
nueve *nove*
nuevo *novo*
nuez (f) *noz*
número (m) *número;* los números *os valores*
nunca *nunca*

O

o *ou;* o bien... o... *ou bem… ou…*
obra de teatro (f) *peça (teatro)*
obturador (m) *obturador (câmera)*
Océano Atlántico (m) *Oceano Atlântico*
ochenta *oitenta*
ocho *oito*
octubre *outubro*
oculista (m/f) *oculista*
ocupado *ocupado*
oeste (m) *oeste*
oficina (f) *escritório; filial (de empresa);* la oficina de objetos perdidos *o escritório de objetos perdidos;* la oficina de turismo *o escritório de turismo*
oído (m) *ouvido*
¡oiga, por favor! *por favor! (para chamar atenção) garçom/garçonete!*
oír *ouvir*
ojo (m) *olho*
ola (f) *onda*
oler *cheirar*
olivo (m) *oliveira*
olor (m) *cheiro*
oloroso *doce (sherry)*
olvidar *esquecer*
once *onze*
ondulado *ondulado (cabelo)*
operación (f) *operação*
operadora (f) *operadora*
oporto (m) *porto (vinho)*
orden del día (m) *agenda*
ordenador (m) *computador*
oreja (f) *orelha*
órgano (m) *órgão (música)*
oro (m) *ouro*

orquesta (f) *orquestra*
oscuro *escuro;* azul oscuro *azul-escuro*
ostra (f) *ostra*
otra vez *outra vez*
otro *outro;* el otro *o outro;* en otro sitio *em outro lugar*

P

padastro (m) *padrasto*
padre (m) *pai;* los padres *os pais*
pagar *pagar;* pagar al contado *pagar em dinheiro vivo*
página (f) *página*
pago (m) *pagamento*
país (m) *país*
pájaro (m) *pássaro*
pala (f) *pá*
palabra (f) *palavra*
palacio (m) *palácio*
palanca de velocidades (f) *alavanca de câmbio*
pálido *pálido*
pan (m) *pão*
panadería (f) *padaria*
pañal (m) *fralda;* los pañales desechables *as fraldas descartáveis*
paño de cocina (m) *pano de cozinha*
pantalla (f) *tela*
pantalón (m) *calça;* los pantalones cortos *bermuda, short*
pantis (m pl) *meias*
pañuelo (m) *lenço de cabeça;* los pañuelos de papel *os lenços de papel*
papá *papai*
papel (m) *papel;* el papel de envolver/regalo *papel de embrulho/presente;* el papel de escribir *o papel para escrever;* el papel higiénico *o papel higiênico;* los papeles de filtro *os filtros de papel*
paquete (m) *pacote, embrulho*
par (m) *par*
para *para;* es para mí *é para mim;* para el viernes *para sexta-feira;* ¿para qué? *para quê?;* para una semana *por uma semana*
parabrisas (m) *pára-brisa*
parachoques (m) *pára-choque*
parada (f) *ponto (ônibus);* la parada de taxis *o ponto de táxi*
parafina (f) *parafina*
paraguas (m) *guarda-chuva*
parar *parar*
pared (f) *parede*
pariente (m) *parente*
parque (m) *parque*
parrilla (f) *churrasco*
parte de atrás (f) *parte de trás*
parterre (m) *canteiro*
partido (m) *partida (esporte), partido (político)*
pasajero (m) *passageiro*
pasaporte (m) *passaporte;* el pasaporte de animales *o passaporte de animais*
pasas (f pl) *passas*
paseo (m) *passeio, caminhada;* ir de paseo *sair a passeio*
pasillo (m) *corredor*
paso elevado (m) *passarela*
pasta (f) *massa*
pasta dentífrica (f) *pasta dental*
pastel (m) *bolo (pequeno), doce*
pastelería (f) *confeitaria*
pastilla (f) *comprimido, drágea;* las pastillas de menta *as pastilhas de menta;* las pastillas para la garganta *as pastilhas para a garganta*
patata (f) *batata;* las patatas fritas *batatas fritas, chips*
patinar *patinar*
patines para hielo (m pl) *patins para gelo*
peatón (m) *pedestre*
pecho (m) *peito*
pedazo (m) *pedaço*
pedido (m) *pedido*
pegamento (m) *cola, adesivo*
peinar *pentear*
peine (m) *pente*
película (f) *filme;* la película en color *o filme colorido*
peligroso *perigoso*
pelo (m) *cabelo*
pelota (f) *bola*
peluquería (f) *cabeleireiro;* la peluquería de caballeros *o barbeiro*
pendientes (m pl) *brincos*
pensar *pensar;* lo pensaré *vou pensar nisso*
pensión completa *pensão completa*
peor *pior*
pepino (m) *pepino*
pequeño *pequeno*
pera (f) *pêra*
percha (f) *cabide*
¡perdón! *perdão!, desculpe! (ao espirrar etc.)*
perejil (m) *salsinha*
perezoso *preguiçoso*
perfecto *perfeito*
perfume (m) *perfume*
periódico (m) *jornal*
perla (f) *pérola*
permanente (f) *permanente*
permiso (m) *permissão*
pero *mas*
perro (m) *cachorro*
persianas (f pl) *persianas*
pesado *pesado*
pesca (f) *pesca*
pescadería (f) *peixaria*
pescado (m) *peixe, pescado*
pescar: ir a pescar *ir pescar*
pez (m) *peixe*
piano (m) *piano*
picadura (f) *picada (de inseto)*
picaporte (m) *tranca (de porta)*
picar *picar, morder (inseto)*
picas (f pl) *espadas (cartas)*
picnic (m) *piquenique*
pie (m) *pé*
pierna (f) *perna*
pijama (m) *pijama*
pila (f) *pilha (de lanterna etc.)*
piloto (m) *piloto*
pimienta (f) *pimenta (tempero)*
pimiento (m) *pimentão (vermelho, verde)*
pin (m) *senha*
piña (f) *abacaxi*
pinchazo (m) *furo*
pino (m) *pinho (árvore)*
pintor (m) *pintor*
pintura (f) *pintura*
pinza (f) *grampo;* las pinzas *pinças*
pipa (f) *cachimbo*
Pirineos: los Pirineos *Pireneus*
piscina (f) *piscina;* la piscina municipal *a piscina pública*
piso (m) *apartamento; piso (chão)*
pista (f) *pista*
pistola (f) *pistola*
piston (m) *pistão*
pizza (f) *pizza*
plancha (f) *ferro de passar;* a la plancha *na chapa*

planchar *passar a ferro*
plano (m) *mapa/planta da cidade; plano, nivelado*
planta (f) *planta*
planta baja (f) *andar térreo*
plástico (m) *plástico;* el plástico para envolver *o plástico para embrulhar*
plata (f) *prata*
plátano (m) *banana*
plateado *prateado*
platillo (m) *pires*
plato (m) *prato;* el plato principal *o prato principal;* los platos preparados *as refeições prontas*
playa (f) *praia*
plaza (f) *praça;* la plaza de toros *a praça de touros*
pluma (f) *pena;* la pluma estilográfica *a caneta-tinteiro*
pobre *pobre*
poco *pouco;* poco común *pouco comum;* poco hecho/pasado *malpassado (bife)*
poder *poder*
policía (f) *polícia*
policía (m) *policial*
política (f) *política*
pollo (m) *frango*
polvo (m) *pó;* los polvos *pó-de-arroz;* los polvos de talco *talco*
pomada (f) *pomada*
poner *pôr;* ¿me pone...? *me serve...?*
poquito *pouco: um pouquinho;* sólo un poquito *só um pouquinho*
por *por, através;* por avión *por avião;* por la noche *à noite;* por noche *por noite;* por todas partes *por toda parte*
porcelana (f) *porcelana*
por favor *por favor*
¿por qué? *por quê?*
porque *porque*
portero (m) *porteiro*
Portugal *Portugal*
portugués/a (m/f) *português/esa*
posible *possível*
postal (f) *cartão-postal*
póster (m) *pôster*
postigo (m) *pórtico (janela)*
postre (m) *sobremesa*
precio (m) *preço;* el precio de entrada *o preço do ingresso*
precioso *precioso, lindo*
preferir *preferir*
pregunta (f) *pergunta*
presupuesto (m) *orçamento*
primavera (f) *primavera*
primer piso (m) *primeiro andar*
primero *primeiro;* de primera *de primeira classe;* primeros auxilios *primeiros socorros*
primo/a (m) *primo/a*
principiante (m/f) *iniciante*
principio (m) *princípio, começo*
prisa: tengo prisa *estou com pressa*
privado *privado*
problema (m) *problema*
producto (m) *produto;* los productos de belleza *os produtos de beleza;* los productos del hogar *produtos para o lar;* los productos lácteos *os laticínios*
profesión (f) *profissão*
profesor/a (m/f) *professor/a*
profesor/a de universidad (m/f) *professor/a universitário/a*
profundo *profundo*
programa (m) *programação*
prohibido *proibido*
prometida (f) *noiva*
prometido (m) *noivo*
propina (f) *gorjeta*
próximo *próximo*
prudente *prudente*
prueba (f) *teste*
público *público*
pueblo (m) *povoado, vila*
¿puede...? *poderia...?*
puedo *posso;* no puedo *não posso*
puente (m) *ponte*
puerta (f) *porta*
puerta (f) *portão;* la puerta de embarque *o portão de embarque*
puerto (m) *porto, cais*
pulga (f) *pulga*
pulpo (m) *polvo*
pulsera (f) *pulseira*
punta (f) *ponta*
puro (m) *charuto*

Q

que *do que*
¿qué? *quê: o quê?*
quemadura (f) *queimadura*
quemadura de sol (f) *queimadura de sol*
quemar *queimar*
querer *querer, gostar*
querido *querido (pessoa)*
queso (m) *queijo*
¿qué tal? *como está?*
¿quién? *quem?*
quinze *quinze*
quirófano (m) *centro cirúrgico*
quisquillas (f pl) *camarões*
quizás *talvez*

R

rábano (m) *rabanete*
radiador (m) *radiador*
radio (f) *rádio*
rápido *rápido*
raro *raro (incomum), estranho*
rastrillo (m) *ancinho*
rata (f) *ratazana*
ratón (m) *camundongo*
raya (f) *risca (do cabelo)*
rebajas (f pl) *liquidação*
rebeca (f) *camurça*
recado (m) *mensagem, recado*
recepción (f) *recepção*
recepcionista (m/f) *recepcionista*
receta (f) *receita*
recibo (m) *recibo*
recobrar algo *recuperar alguma coisa*
recogida (f) *coleção (postal)*
récord (m) *recorde*
recuerdo (m) *lembrança*
redondo *redondo*
regalo (m) *presente;* el regalo de cumpleaños *o presente de aniversário*
regla (f) *régua*
reír *rir*
rejilla de equipajes (f) *compartimento de bagagem*
relajarse *relaxar*
religión (f) *religião*
relleno (m) *recheio (de alimento)*
reloj (m) *relógio*
remar *remar*
remolque (m) *reboque*
remos (m pl) *remos*
resaca (f) *ressaca*
reserva (f) *reserva*
reservar *reservar*
resfriado (m) *resfriado;* tengo un resfriado *peguei um resfriado*
respirar *respirar*
restaurante (m) *restaurante*
resto (m) *resto, sobra*
retrasado *atrasado;* el autobús se ha retrasado *o ônibus atrasou*

reunión (f) *reunião*
revelar *revelar (filme)*
revista (f) *revista*
rico *rico*
rímel (m) *rímel*
rincón (m) *canto (de um quarto)*
riñón (m) *rim*
río (m) *rio*
rizos (m pl) *cachos*
robar *roubar;* lo han robado *ele foi roubado*
robo (m) *roubo*
roca (f) *rocha*
rock (m) *rock (música)*
rodilla (f) *joelho*
rojo *vermelho*
ron (m) *rum*
ropa (f) *roupa;* la ropa de cama *a roupa de cama;* la ropa interior *a roupa de baixo;* la ropa sucia *a roupa suja*
rosa (adj) *cor-de-rosa*
rosa (f) *rosa*
roto *quebrado*
rotonda (f) *rotatória*
rotulador (m) *rotulador*
roulotte (f) *trailer*
rubí (m) *rubi*
rubio (adj) *loiro*
rueda (f) *roda;* la rueda pinchada *o pneu furado*
rugby (m) *rúgbi*
ruidoso *barulhento*
ruinas (f pl) *ruínas*
rulos (m pl) *bobbies*

S

sábado *sábado*
sábana (f) *lençol*
saber *saber;* no sé *não sei*
sabor (m) *sabor*
sacacorchos (m) *saca-rolha*
sacapuntas (m) *apontador*
sacar *sacar, tirar*
saco de dormir (m) *saco de dormir*
sal (f) *sal*
sala de espera (f) *sala de espera*
sala de pediatría (f) *sala de pediatria*
salchicha (f) *salsicha*
salida (f) *saída, partida;* las salidas *as partidas;* la salida de emergencia *a saída de emergência*
salmón (m) *salmão*
salón (m) *salão (em hotel)*
salsa (f) *molho*
¡salud! *saúde! (cumprimento)*
sandalias (f pl) *sandálias*
sangre (f) *sangue*
sartén (f) *frigideira*
sauna (f) *sauna*
secador (de pelo) (m) *secador de cabelo*
seco *seco*
sed *sede;* tengo sed *estou com sede*
seda (f) *seda*
segundo (m) *segundo (subst.; adj);* de segunda *de segunda classe*
seguro (m) *seguro*
seis *seis*
sello (m) *selo*
selva *selva*
semáforo (m) *semáforo*
semana (f) *semana;* la semana pasada *a semana passada;* la semana que viene *a próxima semana*
seminario (m) *seminário*
semi-seco *meio-seco (vinho)*
señal (f) *sinal (depósito)*
sencillo *simples*
senderismo (m) *caminhada, trilha*
señor *senhor*
señora *senhora*
señorita *senhorita*
separado *separado*
septiembre *setembro*
ser *ser*
serio *sério*
seropositivo *soropositivo*
servicio (m) *serviço, departamento;* el servicio de habitaciones *o serviço de quarto;* el servicio de radiología *o departamento de raio X;* el servicio de urgencias *o pronto-socorro*
servicios (m pl) *toaletes (em estabelecimento público);* los servicios de caballeros *o toalete masculino;* los servicios de señoras *o toalete feminino*
servilleta (f) *guardanapo*
sesenta *sessenta*
setas (f pl) *cogumelos*
setenta *setenta*
seto (m) *cerca-viva*
si *se*
sí *sim*
Sida (m) *Aids*
siempre *sempre*
siete *sete*
significar: ¿qué significa esto? *o que isso significa?*
siguiente *seguinte, próximo*
silla (f) *cadeira;* la silla de ruedas *a cadeira de rodas*
sillita de ruedas (f) *carrinho de bebê*
simpático *simpático*
simple *simples*
sin *sem;* sin plomo *sem chumbo*
sinagoga (f) *sinagoga*
sitio (m) *espaço, lugar;* el sitio web *o website*
sobre (m) *envelope*
sobre todo *sobretudo, especialmente*
sobrina (f) *sobrinha*
sobrino (m) *sobrinho*
soda (f) *soda*
sofa (m) *sofá*
sofocante *sufocante, abafado*
sol (m) *sol*
solo *sozinho;* yo solo *eu sozinho*
sólo *só, apenas*
soltero/a (m/f) *solteiro/a*
solución limpiadora (f) *solução de limpeza (para lentes de contato)*
sombrero (m) *chapéu*
sombrilla (f) *sombrinha*
somnífero (m) *sonífero*
somos *somos*
son *são*
sonreír *sorrir*
sonrisa (f) *sorriso*
sopa (f) *sopa*
sordo *surdo*
sostén (m) *sutiã*
sótano (m) *porão*
soy *sou;* soy de... *sou de...*
spray (m) *inalador (para asma etc.);* el spray antipulgas *o spray antipulga*
su(s) *seu(s);* ¿es suyo esto? *isso é seu?*
subirse *subir, tomar (trem, ônibus etc.)*
sucio *sujo*
sudadera (f) *agasalho*
Sudamérica *América do Sul*
sudar *suar*
sudor (m) *suor*
suelo (m) *chão;* el suelo aislante *chão impermeável*
sueño (m) *sono*
suerte (f) *sorte;* ¡suerte! *boa sorte!*
supermercado (m) *supermercado*
suplemento (m) *suplemento*
supositorio (m) *supositório*
sur (m) *sul*

T

tabaco (m) *tabaco, cigarro*
tabla de windsurfing (f) *prancha de windsurf*
tableta de chocolate (f) *barra de chocolate*
tacón (m) *salto (sapato)*
taller (m) *oficina*
talón (m) *calcanhar*
talonario de cheques (m) *talão de cheques*
también *também*
tampones (m pl) *tampões*
tan *tão;* tan bueno *tão bom*
tanto: no tanto *nem tanto;* tanto... como... *tão… como…*
tapiz (m) *tapeçaria*
tapón (m) *rolha (garrafa), tampa (pia)*
taquilla (f) *bilheteria, guichê*
tarde (f) *tarde; (adj) tarde;* se está haciendo tarde *está ficando tarde*
tarifa (f) *tarifa*
tarjeta (f) *cartão;* la tarjeta de banco *o cartão do banco;* la tarjeta de crédito *o cartão de crédito;* la tarjeta de embarque *o cartão de embarque;* la tarjeta de visita *o cartão de visita;* la tarjeta telefónica *o cartão telefônico*
tarta (f) *bolo*
taxi (m) *táxi*
taza (f) *taça, xícara*
té (m) *chá*
techo (m) *teto*
teclado (m) *teclado*
técnico (m) *técnico*
tejado (m) *telhado*
tejanos (m pl) *jeans*
tela (f) *tecido*
teleférico (m) *teleférico*
teléfono (m) *telefone;* el teléfono móvil *o telefone celular*
televisión (f) *televisão;* la television por cable *a televisão a cabo*
temperatura (f) *temperatura*
temprano *cedo*
tenedor (m) *garfo*
tener *ter;* tengo *tenho;* no tengo *não tenho;* ¿tiene? *tem?;* tengo que irme *preciso ir;* tengo calor *estou com calor;* tengo que... *preciso…*
teñir *tingir (cabelo)*
tenis (m) *tênis*
tenue *tênue, esmaecido*
tercero *terceiro*
terminal (f) *terminal*
ternera (f) *vitela*
terraza (f) *terraço*
testigo (m) *testemunha*
tía (f) *tia*
tiempo (m) *tempo, clima*
tienda (f) *loja;* la tienda de comestibles *mercearia;* la tienda de discos *a loja de discos*
tienda (de campaña) (f) *barraca*
¿tiene...? *tem…?*
tierra (f) *terra, solo*
tijeras (f pl) *tesouras*
timbre (m) *campainha*
tinta (f) *tinta*
tinto *tinto (vinho)*
tintorería (f) *tinturaria*
tío (m) *tio*
tirantes (m pl) *suspensórios*
tirar de *puxar*
tirita (f) *band-aid*
toalla (f) *toalha*
toallitas para bebé (f pl) *toalhinhas para bebê*
tobillo (m) *tornozelo*
toca: me toca a mí *é a minha vez*
tocadiscos (m) *toca-discos*
tocar *tocar, sentir*
todavía *ainda;* todavía no *ainda não*
todo *tudo;* eso es todo *isso é tudo*
todos *todos*
todos los días *todo dia*
tomar *tomar;* tomar el sol *tomar sol*
tomate (m) *tomate*
tónica (f) *tônica*
torero (m) *toureiro*
tormenta (f) *tempestade*
tornillo (m) *parafuso*
toro (m) *touro*
torre (f) *torre*
tortilla (f) *omelete*
tos (f) *tosse*
toser *tossir*
tostada (f) *torrada*
trabajar *trabalhar*
trabajo (m) *trabalho, emprego*
tractor (m) *trator*
tradición (f) *tradição*
traducir *traduzir*
traductor/a (m/f) *tradutor/a*
traer *trazer*
tráfico (m) *trânsito*
traje (m) *terno*
tranquilo *tranqüilo*
trapo del polvo (m) *pano de pó*
trasero (m) *traseiro*
tréboles (m pl) *paus (baralho)*
trece *treze*
treinta *trinta*
tren (m) *trem*
tres *três*
triste *triste*
tú *tu, você (informal)*
tu(s) *seu(s) (informal);* tu libro *teu livro, seu livro;* tus zapatos *seus sapatos;* ¿es tuyo esto? *isso é seu?*
tubería (f) *encanamento*
tubo de escape (m) *cano de escapamento*
tuerca (f) *porca (de parafuso)*
tuerza (a la izquierda/derecha) *vire (esquerda/direita)*
túnel (m) *túnel*
turismo (m) *turismo*
turista (m/f) *turista*

U

último *último, derradeiro*
ultramarinos (m) *mercearia*
un/una *um/uma*
uña (f) *unha*
único *único*
universidad (f) *universidade*
uno *um*
urgente *urgente*
usar *usar*
uso (m) *uso*
usted *o senhor (formal)*
utensilios de cocina (m pl) *utensílios de cozinha*
útil *útil*
uvas (f pl) *uvas*

V

vacaciones (f pl) *férias*
vacío *vazio*
vacuna (f) *vacina*
vagón (m) *vagão;* el vagón-restaurante *o vagão-restaurante*
vainilla (f) *baunilha*
vale *tudo bem*
valle (m) *vale*
válvula (f) *válvula*
vapor (m) *vapor;* al vapor *no vapor*
vaqueros (m pl) *jeans*
varios *vários*
vaso (m) *copo*
váter (m) *privada*
¡váyase! *vá embora!*
veces: a veces *às vezes*
vegetariano *vegetariano*
vehículo (m) *veículo*
veinte *vinte*

vela (f) *vela (de barco), vela (de acender)*
velocidad (f) *velocidade*
venda (f) *bandagem*
vender *vender*
veneno (m) *veneno*
venir *vir;* ¡venga aquí! *venha aqui!*
ventana (f) *janela*
ventas (f pl) *vendas*
ventilador (m) *ventilador*
ventisca (f) *brisa*
ver *ver;* no veo *não vejo*
verdad *verdade;* es verdad *é verdade;* ¿verdad? *verdade?*
verde *verde*
verdulería (f) *verduraria*
verdura (f) *verdura*
verja (f) *portão, grade*
vestido (m) *vestido*
veterinario (m) *veterinário*
vez: de vez en cuando *de vez em quando*
viajar *viajar;* viajar en avión *viajar de avião*
viaje (m) *viagem;* el viaje de novios *viagem de lua-de-mel*
vida (f) *vida*
vídeo (m) *vídeo (filme);* el (aparato de) vídeo *o aparelho de vídeo*
videocámara (f) *videocâmera (camcorder)*
vídeo-juegos (m pl) *videogames*
viejo *velho*
viento (m) *vento*
viernes *sexta-feira*
vigilante nocturno (m) *vigia noturno*
vinagre (m) *vinagre*
vinatero (m) *vinhateiro*
vino (m) *vinho*
violín (m) *violino*
visita (f) *visita;* las horas de visita *as horas de visita;* la visita con guía *visita guiada*
visitante (m/f) *visitante*
visitar *visitar*
visor de imagen (m) *visor de imagem*
vista (f) *vista*
vitaminas (f pl) *vitaminas*
vivero (m) *viveiro*
vodka (m) *vodca*
volar *voar*
volver *voltar/retornar;* nos volvemos mañana *vamos voltar amanhã*
voz (f) *voz*
vuelo (m) *vôo*

W, Y, Z

web site (f) *website*
whisky (m) *uísque*
y *e*
ya *já*
yo *eu*
yogur (m) *iogurte*
zanahoria (f) *cenoura*
zapatería (f) *sapataria*
zapatilla (f) *máquina de lavar*
zapatillas (f pl) *chinelos*
zapatos (m pl) *sapatos;* los zapatos de deporte *tênis*
zona peatonal (f) *área de pedestres*
zoo (m) *zoológico*
zumo *suco (m);* el zumo de frutas *o suco de frutas;* el zumo de naranja *o suco de laranja;* el zumo de tomate *o suco de tomate*

Minidicionário
Português – Espanhol

Em espanhol, o gênero de um substantivo é indicado pelo artigo "el" ou "la" (masculino e feminino singular) ou pelas suas formas plurais "los" (masculino) ou "las" (feminino). Os adjetivos (adj) variam segundo o gênero e o número da palavra que descrevem, e aqui é mostrada a forma masculina. Em geral, os adjetivos terminados em "o" adotam um "a" final na forma feminina, e os terminados em "e" geralmente ficam invariáveis. Para o plural, acrescenta-se um "s".

A

a *la (f)*
abacaxi *piña (f)*
abajur *lamparilla de noche (f)*
aberto *abierto (adj)*
abridor de garrafa *abrebotellas (m)*
abridor de latas *abrelatas (m)*
abril *abril*
abrir *abrir*
acabou de chegar *acaba de llegar*
acelerador *acelerador (m)*
acenar *agitar*
achar: eu acho que... *creo que…*
acidente *accidente (m)*
acomodação *alojamiento (m)*
açougue *carnicería (f)*
açúcar *azúcar (m)*
adaptador *adaptador (m)*
adega *bodega (f)*
adeus *adiós*
advogado/a *abogado/a (m/f)*
aeroporto *aeropuerto (m)*
agasalho *sudadera (f)*
agência de correio *(la oficina de) Correio (f)*
agência de viagens *agencia de viajes (f)*
agência *agencia (f)*
agenda *agenda (f)*
agenda *orden del día (m)*
agora *ahora;* e agora? *¿y ahora qué?*
agosto *agosto*
agradável *agradable*
agradecer *agradecer*
água *agua (m);* a água com gás *el agua con gas;* a água mineral *el agua mineral;* a água potável *el agua potable;* a água sem gás *el agua sin gas*
aguaceiro (chuva) *chaparrón (m)*
água-viva *medusa (f)*
agulha *aguja (f)*
Aids *Sida (m)*
ainda *todavía;* ainda não *todavía no*
ajuda *ayuda (f)*
ajudar *ayudar*
alavanca de câmbio *palanca de velocidades (f)*
albergue da juventude *albergue juvenil (m)*
alcachofra *alcachofa (f)*
álcool *alcohol (m)*
alegre *alegre*
Alemanha *Alemania*
alemão *alemán*
alérgico *alérgico*
alface *lechuga (f)*
alfândega *aduana (f)*
alfinete *alfiler (m)*
alfinete *imperdible (m)*
algemas *gemelos (m pl)*
algodão *algodón (m)*
alguém *alguien*
algum: em algum lugar *en alguna parte*
alguma coisa (um pouco) *algo*
alho *ajo (m)*
ali *allí*
almofada *cojín (m)*
alô (ao telefone) *dígame*
alto *alto*
alugar *alquilar*
aluguel *alquiler*
alvejante *lejía*
amanhã *mañana;* de manhã *por la mañana*
amante *amante (m/f)*
amarelo *amarillo*
amargo *amargo*
amarrar *atar*
amassar *amasar*
ambulância *ambulancia (f)*
amendoins *cacahuetes (m pl)*
América do Sul *Sudamérica*
América *América*
americano/a *americano/a (m/f)*
amigo/a *amigo/a (m/f);* amigo/a por correspondência *amigo/a por correspondencia (m/f)*
amor *amor (m)*
amoras *grosellas negras (f pl)*
amoras *moras (f pl)*
amostra *muestra*
ampliação *ampliación (f)*
ancinho *rastrillo (m)*
andar *andar*
andar térreo *planta baja (f)*
anel (jóia) *anillo (m)*
anfiteatro *anfiteatro (m)*
anfitriã *anfitriona (f)*
animal *animal (m);* os animais de estimação *los animales de compañía/los animales domésticos*
aniversário *cumpleaños (m)*
ano *año (m)*
anterior *anterior*
antes de... *antes de…*
anticoncepcional *anticonceptivo (m)*
anticongelante *anticongelante (m)*
antiquário *anticuario (m)*
antisséptico *antiséptico (m)*
apartamento *apartamento (m)*
aperitivo *aperitivo (m)*
aperto de mão *apretón de manos (m)*
apetite *apetito (m)*
apontador *sacapuntas (m)*
aprender *aprender*

aprendiz *aprendiz (m)*
aquecer *calentar*
aquecedor de água *calentador (de agua) (m)*
aquecimento *calefacción (f);* o aquecimento central *la calefacción central*
aquele/aquela *ése/ésa*
aqueles, aquelas *esos/esas;* aqueles homens *esos hombres;* aquelas mulheres *esas mujeres*
ar *aire (m)*
aranha *araña (f)*
ar-condicionado *aire acondicionado (m)*
área de pedestres *zona peatonal (f)*
areia *arena (f)*
Argélia *Argelia*
armário *armario (m)*
arroio *arroyo (m)*
arroz *arroz (m)*
arte *arte (m)*
artigos de tricô *artículos de punto (m pl)*
artista *artista (m/f)*
árvore *árbol (m)*
as *las (f pl)*
asa *ala (m)*
asmático *asmático*
aspirador de pó *aspiradora (f)*
aspirina *aspirina (f)*
assado *asado*
assento *asiento (m);* assento para carro (para bebê) *el asiento infantil*
até *hasta*
aterrissar *aterrizar*
atraente (para pessoas) *guapo*
atraente (oferta) *atractivo*
atrás de... *detrás de…*
atrasado *retrasado;* o ônibus atrasou *el autobús se ha retrasado*
audiofone *audífono (m)*
Austrália *Australia*
australiano/a *australiano/a (m/f)*
auto-estrada *autopista (f)*
automático *automático*
autônomo/a *autónomo/a (m/f)*
aves *aves (f pl)*
avião *avión (m)*
avó *abuela (f)*
avô *abuelo (m)*
avós *abuelos (m pl)*
azeite de oliva *aceite de oliva*
azeitona *aceituna (f)*
azul *azul*

B

bacon *bacon (m)*
bagagem *equipaje (m);* a bagagem de mão *el equipaje de mano*
bairro *barrio*
baixo *bajo*
balcão *mostrador (m);* o balcão de check in *el mostrador de facturación*
balde *cubo (m);* o balde de lixo *el cubo de la basura*
banana *plátano (m)*
banca de jornal *kiosko de periódicos (m)*
banco *banco (m)*
band-aid *tirita (f)*
banda (músicos) *banda (f)*
bandagem *venda (f)*
bandeira *bandera (f)*
bandeja *bandeja (f)*
banheiro *baño (m), cuarto de baño (m)*
banho *baño (m);* tomar um banho *darse un baño;* maiô, sunga *el traje de baño*
bar (drinques) *bar (m)*
baralho de cartas *baraja (f)*
barata *cucaracha (f)*
barato (preço) *barato*
barba *barba (f)*
barbeado *afeitado (m)*
barbear-se *afeitarse*
barco a motor *motora (f)*
barco a vela *balandro (m)*
barco *barco (m)*
barra de chocolate *tableta de chocolate (f)*
barraca *tienda (de campaña) (f)*
barulhento *ruidoso*
base *base*
basquete *baloncesto (m)*
bastante *bastante*
batata *patata (f);* as batatas fritas *las patatas fritas*
bate-papo *charla (f)*
bateria (carro) *batería (f)*
batom *barra de labios (f)*
baú *arcón (m)*
baunilha *vainilla (f)*
bêbado *borracho*
bebê *bebé (m);* o bebê *el niño pequeño*
beber *beber;* quer beber alguma coisa? *¿quiere beber algo?*
bebida *bebida (f)*
bege *beige*
beirada *borde (m)*
bem-estar *bienestar*
bem-vindo *bienvenido*
berço *cuna (f)*
berinjelas *berenjenas (f pl)*
biblioteca *biblioteca (f)*
bicicleta *bicicleta (f);* a mountain bike *la bicicleta de montaña*
bigode *bigote (m)*
bilheteria *taquilla (f)*
biscoito *galleta (f)*
bisteca *chuleta (f)*
bloco de notas *bloc (m)*
blusa *blusa (f)*
boa-noite *buenas noches*
boa-tarde *buenas tardes*
bobbies (para cabelo) *rulos (m pl)*
boca *boca (f)*
bola *pelota (f)*
bola (de futebol) *balón (m);* a bola de praia *el balón de playa*
bolo *tarta (f)*
bolo *bizcocho (m);* bolo pequeno *pastel (m)*
bolsa *bolso (m)*
bolso *bolsillo (m)*
bom *bueno*
bom *bien;* cai bem em você *te sienta bien*
bom-dia *buens días*
boné *gorra (f)*
bonito *bonito*
bordado *bordado (m)*
borracha (material) *goma (f)*
borracha de apagar *goma de borrar (f)*
bosque *bosque (m)*
bota *bota (f)*
botão *botón (m)*
bote *barca (f);* o barco a remo *la barca de remos*
braço *brazo (m)*
branco *blanco*
Brasil *Brasil*
brasileiro/a *brasileño/a (m/f)*
breve: o mais breve possível *lo antes posible*
bridge (jogo) *bridge (m)*
brincadeira *broma (f)*
brincar *jugar*
brincos *pendientes (m pl)*
brinde *regalo*
brinquedo *juguete (m)*
brisa *ventisca (f)*
britânico/a *británico/a (m/f)*
broche *broche (m)*
bronzeado *bronceado*
bronzeador *bronceador (f)*
bronzear-se *broncearse*
broxa *brocha (f)*
buzina *claxon (m)*

C

cabeça *cabeza (f)*
cabeleireiro *peluquería (f);* o barbeiro *la peluquería de caballeros*
cabelo *pelo (m)*
cabide *percha (f)*
cabina telefônica *cabina telefónica (f)*
cachecol *bufanda (f)*
cachimbo *pipa (f)*
cacho de cabelo *flequillo (m)*
cachoeira *cascada (f)*
cachorro *perro (m)*
cachos *rizos (m pl)*
cada *cada;* 20 euros cada um *veinte euros cada uno*
cadeado *candado (m)*
cadeira *silla (f);* a cadeira de rodas *la silla de ruedas*
caderno *cuaderno (m)*
café da manhã *desayuno (m)*
café *café (m);* o café com leite *el café con leche;* o café instantâneo *el café instantáneo;* o café expresso *el café solo*
cãibra *calambre (m)*
cais *muelle (m)*
caixa (o) *cajero (m);* o caixa eletrônico *el cajero automático*
caixa de correio *buzón (m)*
caixa *caja (f);* a caixa de bombons *la caja de bombones;* a caixa de câmbio *la caja de cambios*
calado *callado (adj)*
calça *pantalón (m);* bermuda, short *los pantalones cortos*
calçada *acera (f)*
calcanhar *talón (m)*
calculadora *calculadora (m)*
cama *cama (f)*
câmara de pneu *cámara neumática (f)*
camarões *quisquillas (f pl)*
câmbio (moeda) *cambio (m)*
câmera *máquina de fotos (f);* câmera fotográfica *cámara de fotos (f)*
caminhada (trilha) *senderismo (m)*
caminhão *camión (m)*
caminho *camino (m)*
caminhonete *autocaravana (f)*
camisa *camisa (f)*
camiseta *camiseta (f)*
camisola *camisón (m)*
campainha *timbre (m)*
camping *camping (m)*
campo *campo (m)*
camundongo *ratón (m)*
camurça *rebeca (f)*
Canadá *Canadá*
canadense *canadiense*
canal *canal (m)*
canção *canción (f)*
caneta esferográfica *bolígrafo (m)*
caneta-tinteiro *pluma estilográfica*
cano de escapamento *tubo de escape (m)*
cansado *cansado*
cantar *cantar*
canteiro *parterre (m)*
cantil de água *botas de agua (f pl)*
canto (de um quarto) *rincón (m)*
capa de chuva *gabardina (f)*
capô (carro) *capó (m)*
cara *cara (f)*
caramelos *caramelos (m)*
caranguejo *cangrejo (m)*
carburador *carburador (m)*
cardápio *carta (f)*
carne de porco *carne de cerdo (f)*
carne de vaca *carne de vaca (f)*
carne *carne (f)*
caro (preço) *caro*
carpinteiro *carpintero (m)*
carregador *cargador (m)*
carrinho *carrito (m), cochecito (m)*
carrinho de bebê *sillita de ruedas (f)*
carro *coche (m)*
carro-leito *coche-cama (m)*
carta (correio) *carta (f)*
carta de vinhos *carta de vinos*
cartão *tarjeta (f);* o cartão do banco *la tarjeta de banco;* o cartão de crédito *la tarjeta de crédito;* o cartão de embarque *la tarjeta de embarque;* o cartão de visita *la tarjeta de visita;* o cartão telefônico *la tarjeta telefónica*
cartão-postal *postal (f)*
carteira *cartera (f)*
carteira de habilitação *carnet de conducir (m)*
carteiro *cartero (m)*
casa *casa (f);* em casa *en casa*
casaco *abrigo (m)*
casado *casado*
casamento *boda (f)*
cassete *cassette (f)*
castanho (cabelo) *castaño*
castanholas *castañuelas (f pl)*
castelhano *castellano*
castelo *castillo (m)*
Catalunha *Cataluña*
catedral *catedral (f)*
catedrático *catedrático (m)*
católico *católico (adj)*
catorze *catorce*
caverna *cueva (f)*
cebola *cebolla (f)*
cedo *temprano*
cego *ciego*
cem *cien*
cemitério *cementerio (m)*
cenoura *zanahoria (f)*
centro *centro (m);* o centro esportivo *el centro deportivo*
centro cirúrgico *quirófano (m)*
cerca-viva *seto (m)*
cereja *cereza (f)*
certificado *certificado (m)*
certo *cierto*
cerveja *cerveza (f)*
cesto *capazo, cesto (m)*
cesto de roupa para lavar *colada (f)*
céu *cielo (m)*
chá *té (m)*
chalé *chalet (m)*
chaleira *hervidor de agua (m)*
chaminé *chimenea (f)*
chão *suelo (m);* o chão impermeável *el suelo aislante*
chapa do carro *matrícula (f)*
chapéu *sombrero (m)*
charuto *puro (m)*
chato *aburrido*
chave *llave (f);* a chave de roda *la llave de las tuercas;* a chave-inglesa *la llave inglesa;* a chave de fenda *el destornillador (m)*
check-in *facturación (f);* fazer o check in *facturar*
chefe *jefe (m)*
chegar *llegar*
cheio (de gente) *concurrido*
cheio (repleto) *lleno;* estou cheio *estoy lleno*
cheirar *oler*
cheiro *olor (m)*
cheque *cheque (m);* o travellers' cheque *el cheque de viaje*

chiclete *chicle (m)*
chifre *cuerno (m)*
chinelos *zapatillas (f pl)*
chocolate *chocolate (m)*
chorar *llorar*
churrasco *barbacoa (f); parrilla (f)*
chuva *lluvia (f)*
ciclismo *ciclismo (m)*
ciclomotor *ciclomotor (m)*
cidade *ciudad (f);* o centro da cidade *el centro ciudad*
ciências *ciencias (f pl)*
cigarro *cigarrillo (m)*
cima: em cima *arriba;* para cima *hacia arriba*
cinco *cinco*
cinema *cine (m)*
cinqüenta *cincuenta*
cinto *cinturón (m);* o cinto de segurança *el cinturón de seguridad*
cinza *gris*
cinzeiro *cenicero (m)*
clara *clara*
classe *clase (f)*
cliente *cliente (m)*
cobertor *manta (f)*
cobrador (ônibus) *cobrador (m)*
cobrar *cobrar*
código *código;* o código de trânsito *el código de la circulación;* o código postal *el código postal*
coelho *conejo (m)*
cogumelos *champiñones (m pl)*
cogumelos *setas (f pl)*
cola (adesivo) *pegamento (m)*
colar *collar (m)*
colarinho *cuello (m)*
colcha *colcha (f)*
colchão *colchón (m)*
colchonete *colchoneta (f)*
coleção *recogida (f);* coleção (de selos etc.) *colección (f)*
coleira (de animal) *collar (m)*
colher *cuchara (f)*
colocar no correio *echar al correo*
com *con*
combinação (lingerie) *combinacíon (f)*
começar *empezar*
comer *comer*
comida (refeição) *comida (f);* comida congelada *congelados (m pl)*
como *como;* como este *como éste;* como assim? *¿cómo?;* como o senhor se chama? *¿cómo se llama usted?;* desculpe, o que o senhor disse? *¿cómo dice?*
como está? *¿qué tal?*
cômoda (mobiliário) *cómoda (f)*
compact disc *disco compacto (m)*
companhia aérea *compañía aérea (f)*
compartimento *compartimento (m)*
compartimento de bagagem *rejilla de equipajes (f)*
completamente *completamente*
complicado *complicado (adj)*
compra *compra (f)*
comprar *comprar*
compressas *compresas (f pl)*
comprido *largo*
comprimento *longitud (f)*
comprimido (drágea) *pastilla (f);* as pastilhas de menta *las pastillas de menta;* as pastilhas para a garganta *las pastillas para la garganta*
compromisso (hora marcada) *cita (f)*
computador *ordenador (m)*
comum (usual) *corriente*
concerto *concierto (m)*
concha *concha (f)*
condicionador (cabelo) *acondicionador (m)*
confeitaria *pastelería (f); charcutería (f)*
conferência *conferencia (f);* a sala de conferências *la sala de conferencias*
congestionamento de trânsito *atasco (m)*
conhaque *coñac (m)*
conhecer (pessoa, lugar) *conocer*
consertar *arreglar*
consulado *consulado (m)*
conta *cuenta (f)*
contador *contable (m/f)*
contente *contento*
contra *contra*
contrato *contrato (m)*
conversa *charla (f)*
convidada *invitada (f)*
convite *invitación (f)*
copo *copa (f), vaso (m)*
coquetel *coctel (m)*
cor-de-rosa *rosa (adj)*
coração *corazón (m)*
corda *cuerda (f)*
cordeiro *cordero (m)*
cordões dos sapatos *cordones (de los zapatos) (m pl)*
corpo *cuerpo (m)*
corredor *pasillo (m)*
correia *correa (f)*
correio de voz *mensajería de voz (f)*
correio *correo (m);* a carta registrada *el correo certificado*
correr *correr*
correto *correcto*
corrida de touros *corrida de toros (f)*
cortador de grama *maquina cortacésped (f)*
cortador de unhas *cortauñas (m)*
cortar *cortar*
corte *cortadura (f)*
corte de cabelo *corte de pelo (m)*
cortiça *corcho (m)*
cortina *cortina (f)*
cosméticos *cosméticos (m pl)*
costas *espalda (f)*
costurar *coser*
cotovelo *codo (m)*
couro *cuero (m)*
couve *col (f)*
couve-flor *coliflor (f)*
cozer no forno *cocer al horno*
cozinha *cocina (f)*
cozinhar *cocer, guisar*
cozinheiro/a *cocinero/a (m/f)*
creme *crema (f)*
criado-mudo *mesilla de noche (f)*
crianças *niños*
crise nervosa *crisis nerviosa (f)*
crochê *encaje (m)*
cruzeiro *crucero (m)*
cuecas *calzoncillos (m pl)*
cuidado! *¡cuidado!*
curry *curry (m)*
curto *corto*
custar *costar;* quanto custa? *¿cuánto cuesta?*

D

damasco *albaricoque (m)*
dança *baile (m)*
dançar *bailar*
dar *dar;* dar as boas-vindas *dar la bienvenida*
de *de;* de algum modo *de algún modo;* de ida (passagem) *de ida*
dê para mim *démelo*
declaração *declaración (f)*
decolagem *despegue (m)*
dedo *dedo (m)*

deficiente *minusválido*
delegacia de polícia *comisaría (f)*
demais (em excesso) *demasiado*
dentadura *dentadura postiza (f)*
dente *diente (m)*
dentista *dentista (m/f)*
denúncia *denuncia (f)*
departamento *departemento (m)*
depois *después;* depois de... *después de...*
descansar *descansar*
descer (ônibus etc.) *bajarse*
desconto *descuento (m)*
designer *diseñador/a (m/f)*
desmaiar *desmayarse*
desodorante *desodorante (m)*
despertador *despertador (m)*
detergente *detergente (m)*
devolver *devolver*
dez *diez*
dezembro *diciembre*
dezenove *diecinueve*
dezesseis *dieciséis*
dezessete *diecisiete*
dezoito *dieciocho*
dia *día (m);* o feriado *el día de fiesta*
diabético *diabético*
diamantes *diamantes (m pl)*
diarréia *diarrea (f)*
dicionário *diccionario (m)*
diesel *diesel*
diesel (óleo) *fuel-oil*
diferente *diferente*
diferente (adj) *distinto;* isso é diferente! *¡eso es distinto!;* gostaria de um diferente *quería otro distinto*
difícil *difícil*
dinheiro *dinero (m);* não tenho dinheiro *no tengo dinero*
direito *derecho (m);* não é justo *no hay derecho*
direito (não avesso) *derecho (adj)*
disco (música) *disco (m)*
discoteca *discoteca (f)*
disponível *disponible*
distância *distancia;* qual a distância até...? *¿qué distancia hay a...?*
distante *lejos*
diversões *diversiones (f pl)*
divertido *divertido*
divorciado *divorciado*
dizer *decir;* o que ele disse? *¿qué ha dicho?;* como se diz...? *¿cómo se dice...?*
do que *que*
doce *dulce*
doce (sherry) *oloroso*
documento *documento (m)*
doente *enfermo/a (m/f)*
dois *dos*
dólar *dólar (m)*
domingo *domingo*
dor *dolor (m);* a dor de cabeça *el dolor de cabeza;* a dor de estômago *el dolor de estómago;* a dor de dente *el dolor de muelas*
dormir *dormir*
dormitório *dormitorio (m)*
doughnut *dónut (m)*
doze *doce*
ducha (chuveirada) *ducha (f)*
dunas *dunas (f pl)*
durante *durante*
duro *duro*

E

e *y*
edifício *edificio (m)*
edifício de escritórios *bloque de oficinas (m)*
edredom *edredón (m)*
eixo *eje (m)*
eixo de manivelas *árbol de levas (m)*
ela *ella*; é para ela *es para ella;* eles, elas *ellos/ellas;* é para eles/elas *es para ellos/ellas*
elástico *elástico*
elástico *goma (f)*
ele *él;* é para ele *es para él*
eletricidade *electricidad (f)*
eletricista *electricista (m/f)*
elétrico *eléctrico*
elevador *ascensor (m)*
em *en;* em inglês *en inglés;* no hotel *en el hotel;* em Barcelona *en Barcelona;* no correio *en Correos;* na sua casa *en su casa*
em cima de... *encima de...*
em frente a *enfrente de;* em frente ao hotel *enfrente del hotel*
e-mail *email (m);* o endereço eletrônico *la dirección de email;* o e-mail *el correo electrónico*
embaixada *embajada (f)*
embaixo de *debajo de*
embaraçoso *embarazoso*
emergência *emergencia (f)*
empregado *empleado (m)*
empurrar *empujar*
encanador *fontanero/a (m/f)*
encanamento *tubería (f)*
encarregado *encargado (m)*
endereço *dirección (f)*
engenharia *ingeniería (f)*
enjoado *mareado*
enjôo *náuseas;* estou enjoado *tengo náuseas*
então *entonces*
enteada *hijastra (f)*
enteado *hijastro (m)*
entender *entender;* não entendo *no entiendo;* entendo *comprendo*
entrada *billete (m), entrada (f)*
entradas *entrantes (m pl)*
entre... *entre...*
entrega *entrega (f)*
envelope *sobre (m)*
epilético *epiléptico*
equipamento de som *equipo de música (m)*
era (formal) *era;* ele/ela era *era*; éramos *éramos*; eles eram *eran;* você era (informal) *eras;* você é (informal) *eres;* é (formal) *es;* ele/ela é *es*
errado *equivocado*
erro *equivocación (f)*
ervas-daninhas *malas hierbas (f pl)*
ervilhas *guisantes (m pl)*
escada *escalera (f);* a escada rolante *la escalera mecánica;* a escadaria *las escaleras*
escocês/a *escocés/esa (m/f)*
Escócia *Escocia*
escola *escuela (f)*
escova (para limpar) *cepillo (m);* a escova de cabelo *el cepillo del pelo;* a escova de dentes *el cepillo de dientes*
escovar o cabelo *cepillar el pelo*
escritório *despacho (m), oficina (f);* o escritório (departamento) de objetos perdidos *la oficina de objetos perdidos;* o escritório de turismo *la oficina de turismo*
escuro *oscuro;* azul-escuro *azul oscuro*
esmaecido *tenue*
esmalte de unha *esmalte de uñas (m)*
espadas (cartas) *picas (f pl)*
Espanha *España*

espanhol/a *español/a (m/f)*
especialidade *especialidad (f)*
espelho *espejo (m)*
esperar *esperar;* espere! *¡espere!*
esperto (pronto) *listo*
espinafre *espinacas (f pl)*
espingarda *escopeta (f)*
esporte *deporte (m)*
esposa *mujer (f)*
espuma de barbear *espuma de afeitar (f)*
esquecer *olvidar*
esquerdo *izquierdo*
esquina *esquina (f)*
esquis *esquís (m pl)*
está (formal) *está;* ele/ela está *está;* esta noite, hoje à noite *esta noche;* ele/ela estava, você estava (formal) *estaba;* estávamos *estábamos;* estavam *estaban;* estavas (informal) *estabas*
estaca de barraca *estaquilla (f)*
estaca *estaca (f)*
estação *estación (f);* a estação rodoviária *la estación de autobuses;* a estação de esqui *la estación de esquí;* a estação de metrô *la estación de metro*
estacionamento *aparcamiento (m)*
estacionar *aparcar;* proibido estacionar *prohibido aparcar*
Estados Unidos *Estados Unidos*
estamos *estamos*
estão *están*
estás *estás*
estátua *estatua (f)*
este/esta *ese/esa;* este ônibus *ese autobús;* este homem *ese hombre;* esta mulher *esa mujer*
este/esta *éste/ésta;* este é o senhor... *éste es el señor…*
estes/estas *estos/estas;* estes homens *estos hombres;* estas mulheres *estas mujeres;* estes são meus *éstos son míos*
estômago *estómago (m)*
estou *estoy*
estrada *carretera (f)*
estrangeiro/a *extranjero/a (m/f)*
estreito *estrecho (adj)*
estrela *estrella (f)*
estudante *estudiante (m/f)*
estufa *estufa (f)*
estúpido *estúpido*
etiqueta *etiqueta (f)*
eu *yo*
exame de sangue *análisis de sangre (m)*
excelente *excelente*
excesso de bagagem *exceso de equipaje (m)*
excursão (tour) *excursión (f)*
executivo *ejecutivo (m)*
exemplo *ejemplo (m);* por exemplo *por ejemplo*
exposição *exposición (f)*
extensão elétrica *cable alargador (m)*
externa *externa*
extintor de incêndio *extintor (m)*

F

fã *fan (m)*
faca *cuchillo (m)*
fácil *fácil*
falar *hablar;* fala...? *¿habla…?;* não falo... *no hablo…*
família *familia (f)*
fantástico *fantástico*
farinha *harina (f)*
farmácia *farmacia (f)*
faróis *faros (m pl)*
fator de proteção (SPF) *factor de protección (m)*
fatura *factura (f)*
fax *fax (m)*
faxineira *asistenta (f)*
fazer *hacer;* pegar carona *hacer auto-stop;* fazer footing, correr *hacer footing;* fazer tricô, tricotar *hacer punto;* fazer baldeação *hacer transbordo;*
febre *fiebre (f);* a febre do feno *la fiebre del heno*
fechado *cerrado*
fechar *cerrar*
feijão *judías (f pl)*
feio *feo*
feira *feria (f)*
feliz aniversário! *¡felicidades!*
feliz *feliz*
férias *vacaciones (f pl)*
ferida *herida (f)*
ferro *hierro (m)*
ferro de passar *plancha (f)*
ferrolho (de porta) *cerrojo (m)*
ferrovia *ferrocarril (m)*
ferry-boat *ferry (m)*
ferver *hervir*
fervido *hervido*
festa *fiesta (f)*
fevereiro *febrero*
fígado *hígado (m)*
figo *higo (m)*
fila *cola (f)*
filé *filete (m)*
filha *hija (f)*
filho *hijo (m)*
filme *película (f);* o filme colorido *la película en color*
filtro *filtro (m)*
fim *fin (m);* finalmente! *¡por fin!*
final *final (m)*
fita cassete *cinta (f);* a fita de vídeo *la cinta de vídeo*
flash (câmera) *flash (m)*
flauta *flauta (f)*
flor *flor (f)*
fluido para isqueiro *gas para el encendedor (m)*
fogão *cocina (f)*
fogareiro *camping-gas (m)*
fogo *fuego (m);* os fogos de artifício *los fuegos artificiales*
fogueira *hoguera (f)*
folha *hoja (f)*
folha-de-flandres *hojalata (f)*
folheto *folleto (m)*
fome *hambre;* estou com fome *tengo hambre*
fones de ouvido *auriculares (m pl)*
fonte *fuente (f)*
fora *fuera*
forcado *horca (f)*
formulário de inscrição *impreso de solicitud (m)*
forno *horno (m)*
forte *fuerte*
fósforo *cerilla (f)*
fotocopiadora *fotocopiadora (f)*
fotografar *fotografiar*
fotografia *foto(grafía) (f)*
fotógrafo *fotógrafo (m)*
fotômetro *fotómetro (m)*
fralda *pañal (m);* as fraldas descartáveis *los pañales desechables*
framboesa *frambuesa (f)*
França *Francia*
francês *francés*
frango *pollo (m)*
frear *frenar*
free shop *duty-free (m)*
freezer *congelador (m)*
freio *freno (m);* o freio de emergência *el freno de emergencia;* o freio de mão *el freno de mano*
frente: em frente a... *delante de*
freqüência: com freqüência *a menudo*

frigideira *cazo (m)*
frigideira *sartén (f)*
frio *frío (adj)*
fritar *freír*
frito *frito*
fronteira *frontera (f)*
fruta *fruta (f)*
fumaça *humo (m)*
fumar *fumar*
funcionar *funcionar*
fundo *fondo (m)*
furo *pinchazo (m)*
futebol *fútbol (m)*

G

galeria de arte *galería de arte (f)*
galês/esa *galés/esa (m/f)*
garagem *garage (m)*
garantia *garantía (f)*
garantir *garantizar*
garçom *camarero (m);* garçom! *¡camarero!*
garçonete *camarera (f)*
garfo *tenedor (m)*
garganta *garganta (f)*
garota *chica (f)*
garrafa *ampolla (f)*
garrafa *botella (f)*
gasolina *gasolina (f)*
gato *gato (m)*
gay (homossexual) *gay*
gel *gel (m);* o gel de banho *el gel de ducha*
gel de cabelo *espuma moldeadora (f)*
geladeira *frigorífico (m)*
gelado (fresco) *fresco*
geléia *mermelada (f);* a geléia de laranja *la mermelada de naranja*
gelo *hielo (m)*
gengibre *jengibre (m)*
gente *gente (f)*
geralmente *en general*
gerente (hotel) *director/a (m/f);* gerente (negócios) *gerente (m/f)*
gin *ginebra (f)*
girar *girar*
Golfo de Viscaya *Golfo de Vizcaya (m)*
gordo *gordo (adj)*
gordura (carne etc.) *grasa (f)*
gorjeta *propina (f)*
gorro de lã *gorro (m)*
gostar *gustar;* eu gosto... *me gusta...;* eu gosto de nadar *me gusta nadar*
gotas *gotas (f pl)*
governo *gobierno (m)*
Grã-Bretanha *Gran Bretaña*
grama (vegetal) *hierba (f)*
gramado *césped (m)*
grampeador *grapadora (f)*
grampo *pinza (f);* as pinças *las pinzas*
grande *grande*
granja (fazenda) *granja (f)*
granjeiro (fazendeiro) *granjero (m)*
gratuito *gratis*
gravata *corbata (f)*
grávida *embarazada*
graxa de sapatos *crema de zapatos (f)*
gritar *gritar*
grosso *grueso*
grupo *grupo (m)*
guarda-chuva *paraguas (m)*
guardanapo *servilleta (f)*
guarda-roupa *armario (m)*
guerra *guerra (f)*
guia *guía (m/f);* o guia turístico *la guía turística*
guiar *conducir*
guichê *taquilla (f)*

H

hambúrguer *hamburguesa (f)*
hamster *hámster (m)*
hepatite *hepatitis (f)*
hidrofólio *hidroaleta (f)*
história *historia (f)*
hobby *hobby (m)*
hoje *hoy*
homem *hombre (m)*
homeopatia *homeopatía (f)*
honesto *honrado*
hora *hora (f);* que horas são? *¿qué hora es?;* às 3 horas *a las tres*
horário *horario (m);* o horário de abertura *el horario de apertura*
horrível *horrible*
hospedaria *fonda (f)*
hospital *hospital (m)*
hovercraft *aerodeslizador (m)*

I

idioma *idioma (m)*
ignição *encendido (m)*
igreja *iglesia (f)*
ilha *isla (f)*
imediatamente *inmediatamente*
impossível *imposible*
impressora *impresora (f)*
inalador (para asma etc.) *inhalador (m)*
incêndio *incendio (m)*
incluído *incluido*
indigestão *indigestión*
infecção *infección (f)*
informação *información (f)*
Inglaterra *Inglaterra*
inglês/esa *inglés/esa (m/f)*
ingresso (cinema etc.) *entrada (f)*
iniciante *principiante (m/f)*
injeção *inyección (f)*
inseto *insecto (m)*
insolação *insolación (f)*
insônia *insomnio (m)*
instrumento musical *instrumento musical (m)*
interessante *interesante*
internet *internet (m)*
interpretar *interpretar*
intérprete *intérprete (m/f)*
interruptor *interruptor (m)*
intoxicação alimentar *intoxicación alimenticia (f)*
iogurte *yogur (m)*
ir *ir;* ir esquiar *ir a esquiar;* ir às compras *ir de compras*
Irlanda *Irlanda*
Irlanda do Norte *Irlanda del Norte*
irlandês/esa *irlandés/esa (m/f)*
irmã *hermana (f)*
irmão *hermano (m)*
isca *cebo (m)*
isqueiro *encendedor (m)*
isso: o que é isso? *¿qué es eso?*
Itália *Italia*
italiano/a *italiano/a (m/f)*

J

já *ya*
janeiro *enero*
janela *ventana (f)*
jantar *cena (f)*
jaqueta (paletó) *chaqueta (f)*
jardim *jardín (m)*
jarrinha *jarrita (f)*
jaula *jaula (f)*
jazz *jazz (m)*
jeans *tejanos (m pl); vaqueros (m pl)*
joalheria *joyería (f)*
joelho *rodilla (f)*
jornal *periódico (m)*
jovem *joven*
julho *julio*
junho *junio*
junto a *junto a;* junto à porta *junto a la puerta;* junto à janela *junto a la ventana*
juntos *juntos*
justo *ajustado*

L

lã *lana (f)*
lado: ao lado de *lado de (f)*
ladrão *ladrón (m)*
lago *lago (m)*
lagosta *langosta (f)*
lagostins *cigalas (f pl)*
lâminas de barbear *cuchillas de afeitar (f pl)*
lâmpada *bombilla (f)*
lanche *comida ligera (f)*
lanterna *linterna (f)*
lápis *lápiz (m)*
laquê *laca (f)*
laranja *naranja (f)*
lareira *chimenea (f)*
lata *lata (f)*
laticínios *productos lácteos*
lavadora de pratos *lavavajillas (m)*
lavanderia automática *lavandería automática (f)*
laxante *laxante (m)*
leite *leche (f);* o leite de limpeza (para a pele) *la leche limpiadora*
lembrança *recuerdo (m)*
lembrar: eu lembro *me acuerdo;* não me lembro *no me acuerdo*
lenço de cabeça *pañuelo (m);* os lenços de papel *los pañuelos de papel*
lençol *sábana (f)*
lente *lente (f);* as lentes de contato *las lentes de contacto;* as lentes de contato rígidas *las lentes de contacto semi-rígidas*
lento *lento*
leque (de mão) *abanico (m)*
ler *leer*
leste *este;* o Oriente *el Este*
letra *letra (f)*
levantar *levantarse*
leve *ligero*
libra (esterlina) *libra (f)*
licor *licor (m)*
limão *lima (f)*
limão siciliano *limón (m)*
limite de velocidade *límite de velocidad (m)*
limonada *limonada (f)*
limpo *limpio (adj)*
língua *lengua (f)*
linha (telefone etc.) *línea (f)*
liquidação *rebajas (f pl)*
lista *lista (f);* a lista telefônica *la guía telefónica*
literatura *literatura (f)*
litro *litro (m)*
livre *libre;* livre de impostos *libre de impuestos*
livro *libro (m);* o livro de frases *el libro de frases*
lixa de unhas *lima de uñas (f)*
lixeira *contendor de basura (m)*
lixo *basura (f)*
loção *loción (f);* o repelente de insetos *la loción anti-mosquitos;* o bronzeador *la loción bronceadora*
loiro *rubio (adj)*
loja de ferragens *ferretería (f)*
loja *tienda (f);* a loja de discos *la tienda de discos*
lojas de departamentos *grandes almacenes (m pl)*
lona impermeável *lona impermeable (f)*
longe *lejos*
louco *loco*
lua *luna (f)*
lucros *beneficios (m pl)*
lugar (espaço físico) *sitio (m);* lugar (atração) *lugar (m)*
luminária flexível *flexo (m)*
luminária *lámpara (f)*
luvas *guantes (m pl)*
luz *luz (f)*
luzes de seta *luces de posición (f pl)*

M

maçã *manzana (f)*
machado *hacha (m)*
maço (cigarros) *cajetilla (f)*
madeira *madera (f)*
madrasta *madastra (f)*
maduro *maduro*
mãe *madre (f)*
magro *delgado*
maio *mayo*
maiô (natação) *bañador (m)*
mais *más;* mais do que... *más de…;* mais tarde *más tarde;* alguma coisa mais *algo más;* alguém mais *alguien más*
malpassado (bife) *poco hecho/pasado*
malha *jersey (m)*
mamãe *mama*
mandar *mandar*
mandar por fax *enviar por fax*
manga (roupa) *manga (f)*
maneira *manera*
manhã *mañana*
manteiga *mantequilla (f)*
mão *mano (f)*
mapa *mapa (m);* mapa da cidade *plano (m)*
maquiagem *maquillaje (m)*
máquina de escrever *máquina de escribir (f)*
máquina de lavar *zapatilla (f)*
mar *mar (m)*
março *marzo*
maré *marea (f)*
margarina *margarina (f)*
marido *marido (m)*
mariscos *mariscos (m pl)*
mármore *mármol (m)*
Marrocos *Marruecos*
marrom *marrón*
martelo *martillo (m)*
mas *pero*
massa *pasta (f)*
mau *malo*
mecânico *mecánico (m)*
médico/a *médico/a (m/f)*
Mediterrâneo *Mediterráneo*
meia-noite *medianoche*
meia pensão *media pensión*
meias *medias (f pl); pantis (m pl)*
meio *medio;* meia hora *media hora;* no meio *en el centro*
meio-dia *mediodía (m)*
meio-seco (vinho) *semi-seco*
mel *miel (f)*
melão *melón (m)*
melhor *mejor*
menino/a *niño/a (m/f)*
menos *menos*
mensagem *mensaje (m), recado (m)*
mercado *mercado (m)*
mercearia *ultramarinos (m), la tienda de comestibles*
mês *mes (m)*
mesa *mesa (f);* a escrivaninha *la mesa de escritorio*
mesmo *mismo;* o mesmo vestido *el mismo vestido;* as mesmas pessoas *la misma gente;* o mesmo de sempre, por favor *lo mismo otra vez, por favor*
metrô *metro (m)*
meu(s) *mi(s);* meu livro *mi libro;* minhas chaves *mis llaves*
meu *mío;* é meu *es mío*

mexer *mover;* mexer-se *moverse;* não se mexa! *¡no se mueva!*
mexerica *mandarina (f)*
mexilhões *mejillones (m pl)*
microondas *microondas (m)*
mil *mil*
minuto *minuto (m)*
missa *misa (f)*
mochila *mochila (f)*
moda *moda (f)*
modem *modem (m)*
moeda *moneda (f)*
mola (mecânica) *muelle (m)*
molares (dentes) *muela (f)*
molhado *mojado*
molho *salsa (f)*
monitor *monitor (m)*
montanha *montaña (f)*
monte *monte (m)*
monumento *monumento (m)*
morangos *fresas (f pl)*
morder *morder*
mordida *mordedura (f)*
morrer *morir*
morto *muerto*
mosaico *mosaico (m)*
mosca *mosca (f)*
mosquito *mosquito (m)*
mostarda *mostaza (f)*
motocicleta *motocicleta (f)*
motor *motor (m)*
motorista *conductor (m)*
móveis *muebles (m pl)*
mover *mover*
mudar (de casa) *mudarse*
muito *muy*
muito *mucho;* muito melhor *mucho mejor;* muito mais devagar *mucho más despacio;* não muitos *no muchos*
muletas *muletas (f pl)*
mulher *mujer (f)*
muro *muro (m)*
museu *museo (m)*
música *música (f);* a música clássica *la música clásica;* a música folclórica *la música folklórica;* a música pop *la música pop*
músico *músico (m)*

N

nada *nada;* não sobrou nada *no queda nada;* não serve para nada *no sirve de nada;* de nada *no hay de qué*
nadar *nadar*
namorada *novia (f)*
namorado *novio (m)*
não *no;* não tem importância (*resposta*) *no importa*
não está... *no es/está...*
nariz *nariz (f)*
nascer *nacer*
nasci em... *nací en...*
nata *nata (f)*
natação *natación (f)*
Natal *navidad (f)*
natureza *naturaleza (f)*
navalha *navaja (f)*
neblina *niebla (f)*
necessário *necesario*
negar *negar*
negativo (foto) *negativo (m)*
negócio *negocio (m)*
nem... nem... *ni... ni...*
nem tanto *no tanto*
nenhum deles *ninguno de ellos;* em nenhum lugar *en ninguna parte*
neozelandês/esa *neozelandés/esa (m/f)*
neta *nieta (f)*
neto *nieto (m)*
neve *nieve (f), escarcha (f)*
ninguém *nadie*
noite *noche (f)*
noiva *prometida (f)*
noivo *prometido (m)*
nome *nombre (m);* o primeiro nome *el nombre de pila*
norte *norte (m)*
nós *nosotros/nosotras;* é para nós *es para nosotros/nosotras*
nosso *nuestro;* é nosso *es nuestro*
nota *nota;* nota (de dinheiro) *billete de banco (m)*
notícias *noticias (f pl)*
Nova Zelândia *Nueva Zelanda*
nove *nueve*
novela *novela (f)*
novembro *noviembre*
noventa *noventa*
novo *nuevo*
noz *nuez (f)*
nudista *nudista (m/f)*
número *número (m)*
numeroso *numeroso*
nunca *nunca*

O

o/a *lo/la*
obrigado *gracias*
obturação (nos dentes) *empaste (m)*
obturador (câmera) *obturador (m)*
óbvio *evidente*
Oceano Atlântico *Océano Atlántico (m)*
oculista *oculista (m/f)*
óculos *gafas (f pl);* os óculos de sol *las gafas de sol*
ocupado *ocupado*
oeste *oeste (m)*
oficina *taller (m)*
oitenta *ochenta*
oito *ocho*
olá *hola*
óleo *aceite (m)*
olhar *mirar*
olho *ojo (m)*
oliveira *olivo (m)*
ombro *hombro (m)*
omelete *tortilla (f)*
onda *ola (f)*
onde? *¿dónde?;* onde está...? *¿dónde está...?*
ondulado (cabelo) *ondulado*
ônibus *autobús (m);* ônibus do aeroporto *autobús del aeropuerto*
ontem *ayer*
onze *once*
operação *operación (f)*
operadora *operadora (f)*
orçamento *presupuesto (m)*
orelha *oreja (f)*
orgão (música) *órgano (m)*
orquestra *orquesta (f)*
os *los (m pl)*
osso *hueso (m)*
ostra *ostra (f)*
ou *o;* ou bem... ou... *o bien... o...*
ouro *oro (m)*
ouros (jogo de cartas) *corazones (m pl)*
outra vez *otra vez*
outro *otro;* o outro *el otro;* em outro lugar *en otro sitio*
outubro *octubre*
ouvido *oído (m)*
ouvir *oír*
ovo *huevo (m)*

P

pá *pala (f)*
pacote (embrulho) *paquete (m)*
padaria *panadería (f)*
padrasto *padastro (m)*
padre *cura (m)*
pagamento *pago (m)*
pagar *pagar;* pagar em dinheiro vivo *pagar al contado*
página *página (f)*
pai *padre (m);* os pais *los padres*
país *país (m)*
País de Gales *Gales*
palácio *palacio (m)*
palavra *palabra (f)*

pálido *pálido*
pano de cozinha *paño de cocina (m)*
pano de pó *trapo del polvo (m)*
panquecas *crepes (f pl)*
pão *pan (m)*
pãozinho *bollo (m)*
papai *papá*
papel *papel (m);* o papel de embrulho/presente *el papel de envolver/regalo;* o papel para escrever *el papel de escribir;* o papel higiênico *el papel higiénico;* os filtros de papel *los papeles de filtro*
par *par (m)*
para *para;* é para mim *es para mí;* para sexta-feira *para el viernes;* para quê? *¿para qué?*
para a/o *a, a la, a lo;* para a America *a América;* para a estação *a la estación;* para o médico *al médico*
para baixo *hacia abajo*
parabéns! *¡enhorabuena!*
pára-brisa *parabrisas (m)*
pára-choque *parachoques (m)*
parafina *parafina (f)*
parafuso *tornillo (m)*
parar *parar*
pare! *¡alto!*
parede *pared (f)*
parente *pariente (m)*
parque *parque (m)*
parte de trás *parte de atrás (f)*
partida (esporte) *partido (m)*
partida (vôo) *salida (f);* as partidas *las salidas*
partido (político) *partido (m)*
passageiro *pasajero (m)*
passagem (trem etc.) *billete (m);* passagem de ida e volta *billete de ida y vuelta (m)*
passaporte *pasaporte (m);* o passaporte de animais *el pasaporte de animales*
passar a ferro *planchar*
passar a tranca *echar el cerrojo*
passarela (vias urbanas) *paso elevado (m)*
pássaro *pájaro (m)*
passas *pasas (f pl)*
passeio *paseo (m);* sair a passeio *ir de paseo*
pasta dental *pasta dentífrica (f)*
patas *gambas (f pl)*
patinar *patinar*
patins para gelo *patines para hielo (m pl)*
pau da barraca *mástil (m)*
paus (baralho) *tréboles (m pl)*
pé *pie (m)*
peça (teatro) *obra de teatro (f)*
pechincha *ganga (f)*
pedaço *pedazo (m)*
pedestre *peatón (m)*
pedido *pedido (m)*
pedreiro *albañil (m)*
pegar *coger;* pegar o trem *coger el tren*
peito *pecho (m)*
peixaria *pescadería (f)*
peixe *pez (m)*
pena *pluma (f)*
pensão completa *pensión completa*
pensar *pensar;* vou pensar nisso *lo pensaré*
pente *peine (m)*
pentear *peinar*
pepino *pepino (m)*
pequeno *pequeño*
pêra *pera (f)*
perdão! (desculpar-se ao espirrar etc.) *¡perdón!*
perfeito *perfecto*
perfume *perfume (m)*
pergunta *pregunta (f)*
periferia *afueras (f pl)*
perigoso *peligroso*
permanente *permanente (f)*
permissão *permiso (m)*
perna *pierna (f)*
pérola *perla (f)*
persianas *persianas (f pl)*
perto (junto) *cerca* (f)
pesado *pesado*
pesca *pesca (f)*
pescado *pescado (m)*
pescar: ir pescar *ir a pescar*
pescoço *cuello (m)*
pêssego *melocotón (m)*
pia (banheiro) *lavabo (m)*
pia (cozinha) *fregadero (m)*
piada *chiste (m)*
piano *piano (m)*
picada (de inseto) *picadura (f)*
picar (inseto) *picar*
pijama *pijama (m)*
pilha (de lanterna etc.) *pila (f)*
piloto *piloto (m)*
pimenta (tempero) *pimienta (f)*
pimentão (vermelho, verde) *pimiento (m)*
pinho (árvore) *pino (m)*
pintor *pintor (m)*
pintura *pintura (f)*
pior *peor*
piquenique *picnic (m)*
Pireneus *Pirineos*
pires *platillo (m)*
pirulito *chupa-chups (m)*
pisca-alerta *intermitiente (m)*
piscina *piscina (f);* a piscina pública *la piscina municipal*
piso (chão) *piso (m)*
pista *pista (f)*
pistão *piston (m)*
pistola *pistola (f)*
pizza *pizza (f)*
plano (nivelado) *plano (adj)*
planta *planta (f)*
plástico *plástico (m);* o plástico para embrulhar *el plástico para envolver*
plataforma *andén (m)*
pneu *neumático (m);* o pneu furado *la rueda pinchada*
pó *polvo (m);* o pó-de-arroz *los polvos*
pobre *pobre*
poder *poder*
poderia...? *¿puede…?*
polícia *policía (f)*
policial *policía (m)*
política *política (f)*
polvo *pulpo (m)*
pomada *pomada (f)*
ponta *punta (f)*
ponte *puente (m)*
ponto (ônibus) *parada (f);* o ponto de táxi *la parada de taxis*
por *por;* por avião *por avión;* à noite *por la noche;* por noite *por noche;* por toda parte *por todas partes;* por uma semana *para una semana*
pôr *poner;* me serve...? *¿me pone…?*
por favor *por favor;* por favor! (para chamar atenção) *¡oiga, por favor!*
por quê? *¿por qué?*
porão *sótano (m)*
porca (de parafuso) *tuerca (f)*
porcelana *porcelana (f)*
porque *porque*
porta *puerta (f)*
porta-malas (carro) *maletero (m)*
porta-níqueis *monedero (m)*
portão *verja (f), puerta (f);* o portão de embarque *la puerta de embarque*
porteiro (hotel) *conserje (m)*

porteiro (zelador) *portero (m)*
pórtico (janela) *postigo (m)*
porto (cais) *puerto (m)*
porto (vinho) *porto (m)*
Portugal *Portugal*
português/esa *portugués/esa (m/f)*
pós-barba *after-shave (m)*
possível *posible*
posso *puedo;* não posso *no puedo*
pôster *póster (m)*
posto de gasolina *gasolinera (f)*
pouco *poco;* pouco comum *poco común*
pouco: um pouquinho *poquito;* só um pouquinho *sólo un poquito*
povoado (vila) *pueblo (m)*
praça *plaza (f);* a praça de touros *la plaza de toros*
praia *playa (f)*
prancha de windsurf *tabla de windsurfing (f)*
prata *plata (f)*
prateado *plateado*
prato *plato (m);* o prato principal *el plato principal;* os pratos prontos *los platos preparados;* prato do dia *menú del día (m)*
prazer em conhecê-lo/la *encantado/a (m/f)*
precioso *precioso*
precisar: eu preciso... *necesito…;* não é preciso *no hace falta*
preço *precio (m);* o preço do ingresso *el precio de entrada (m)*
prefeitura *ayuntamiento (m)*
preferir *preferir*
prego *clavo (m)*
preguiçoso *perezoso*
presente *regalo (m);* o presente de aniversário *el regalo de cumpleaños*
preservativo (camisinha) *condón (m)*
pressa: estou com pressa *tengo prisa*
presunto *jamón (m)*
preto *negro*
prima *prima (f)*
primavera *primavera (f)*
primeiro andar *primer piso (m)*
primeiro *primero;* de primeira classe *de primera;* primeiros socorros *primeros auxilios*
primo *primo (m)*
princípio *principio (m)*
privada *váter (m)*
privado *privado*
problema *problema (m)*
produto *producto (m);* os produtos de beleza *los productos de belleza;* os produtos para o lar *los productos del hogar*
professor/a *profesor/a (m/f);* professor/a universitário/a *profesor/a de universidad (m/f)*
profissão *profesión (f)*
profundo *profundo*
programação *programa (m)*
proibido *prohibido*
pronto-socorro *servicio de urgencias*
proprietário *propietario*
próximo *próximo*
prudente *prudente*
público *público*
pulga *pulga (f)*
pulseira *pulsera (f)*
pulso *muñeca (f)*
punguista (batedor de carteira) *carterista (m)*
puxar *pujar, tirar de*

Q

quadrado *cuadrado (adj)*
qual? *¿cuál?*
qualidade *calidad (f)*
qualquer um *cualquiera de ellos*
quando? *¿cuándo?*
quanto custa? *¿cuánto cuesta?*
quantos anos tem? *¿cuántos años tiene?*
quarenta *cuarenta*
quarta-feira *miércoles*
quarto (ordinal) *cuarto (m)*
quarto (cômodo) *habitación (f);* o quarto de casal *la habitación doble;* o quarto individual *la habitación individual;* quartos disponíveis *habitaciones libres*
quase *casi*
quatro *cuatro*
quê: o quê? *¿qué?*
quebra (carro) *avería (f);* tive uma quebra *he tenido una avería*
quebrado *roto*
queijo *queso (m)*
queimadura *quemadura (f);* queimadura de sol *quemadura de sol (f)*
queimar *quemar*
quem? *¿quién?*
quente *caliente*
quente (tempo) *caluroso*
querer *querer*
querido (pessoa) *querido*
quilo *kilo (m)*
quilômetro *kilómetro (m)*
quinta-feira *jueves*
quinze *quinze*

R

rabanete *rábano (m)*
radiador *radiador (m)*
rádio *radio (f)*
rapaz *chico (m)*
rápido *rápido*
raro (incomum) *raro*
ratazana *rata (f)*
reboque *remolque (m)*
recado *recado (m)*
receita *receta (f)*
recepção *recepción (f)*
recepcionista *recepcionista (m/f)*
recheio (de alimento) *relleno (m)*
recibo *recibo (m)*
recorde (esporte etc.) *récord (m)*
recuperar alguma coisa *recobrar algo*
redondo *redondo*
regente (orquestra) *director/a (m/f)*
régua *regla (f)*
relatório *informe (m)*
relaxar *relajarse*
religião *religión (f)*
relógio *reloj (m)*
remar *remar*
remédio *medicina (f)*
remos *remos (m pl)*
reserva *reserva (f)*
reservar *reservar*
resfriado *resfriado (m);* peguei um resfriado *tengo un resfriado*
respirar *respirar*
ressaca *resaca (f)*
restaurante *restaurante (m)*
resto (sobra) *resto (m)*
reunião *reunión (f), encuentro (m)*
revelar (filme) *revelar*
revista *revista (f)*
rico *rico*
rim *riñón (m)*
rímel *rímel (m)*
rio *río (m)*
rir *reír*
risca (do cabelo) *raya (f)*
rocha *roca (f)*
rock (música) *rock (m)*
roda *rueda (f)*
rolha (garrafa) *tapón (m)*

rosa *rosa (f)*
rotatória *rotonda (f)*
rotulador *rotulador (m)*
roubar *robar;* ele foi roubado *lo han robado*
roubo *robo (m)*
roupa *ropa (f);* a roupa de cama *la ropa de cama (f);* a roupa de baixo *la ropa interior;* a roupa suja *la ropa sucia*
roxo *morado*
rua *calle (f);* a rua principal *la calle principal*
rubi *rubí (m)*
rúgbi *rugby (m)*
ruim (qualidade) *malo*
ruínas *ruinas (f pl)*
rum (sherry) *amontillado*
rum *ron (m)*

S

sábado *sábado*
sabão *jabón (m);* o sabão em pó *el jabón de lavadora*
saber *saber;* não sei *no sé*
sabor *sabor (m)*
sacada *balcón (m)*
sacar (tirar) *sacar*
saca-rolha *sacacorchos (m)*
saco *bolsa (f)*
saco de dormir *saco de dormir (m)*
saco de lixo *bolsa de basura*
sacola de plástico *bolsa de plástico*
saia *falda (f)*
saída *salida (f);* a saída de emergência *la salida de emergencia*
sal *sal (f)*
sala *sala (f);* sala de espera *sala de espera (f);* sala de estar *cuarto de estar (m);* sala de jantar *comedor (m)*
sala de pediatria *sala de pediatría (f)*
salada *ensalada (f)*
salão (em hotel) *salón (m)*
salmão *salmón (m)*
salsicha *salchicha (f)*
salsinha *perejil (m)*
salto (sapato) *tacón (m)*
sandálias *sandalias (f pl)*
sanduíche *bocadillo (m)*
sangue *sangre (f)*
são (verbo ser) *son*
sapataria *zapatería (f)*
sapatos *zapatos (m pl)*
saquinho (pacote de doces, salgadinhos) *bolsa (f)*
saúde! (cumprimento) *¡salud!*
sauna *sauna (f)*
se *si*
secador de cabelo *secador (de pelo) (m)*
seco (sherry) *fino*
seco *seco*
secretária eletrônica *contestador automático (m)*
seda *seda (f)*
sede *sed;* estou com sede *tengo sed*
seguinte (próximo) *siguiente*
segunda-feira *lunes*
segundo *segundo (m, adj);* de segunda classe *de segunda*
seguro *seguro (m)*
seis *seis*
selo *sello (m)*
selva *selva*
sem *sin;* sem chumbo *sin plomo*
semáforo *semáforo (m)*
semana *semana (f);* a semana passada *la semana pasada;* a próxima semana *la semana que viene*
seminário *seminario (m)*
sempre *siempre*
senha *contraseña (f), pin (m)*
senhor *señor*
senhor: o senhor (formal) *usted*
senhora *señora*
senhorita *señorita*
sentir *sentir;* não me sinto bem *no me encuentro bien*
separado *separado*
ser *ser*
seringa *jeringuilla (f)*
sério *serio*
serviço *servicio (m);* o serviço de quarto *el servicio de habitaciones*
sessenta *sesenta*
sete *siete*
setembro *septiembre*
setenta *setenta*
setor (departamento) *servicio (m);* o setor de raio X *el servicio de radiología*
seu(s) (informal) *tu(s);* seu livro *tu libro;* seus sapatos *tus zapatos*; isso é seu? *¿es tuyo esto?*
seu(s) (formal) *su(s);* isso é seu? *¿es suyo esto?*
sexta-feira *viernes*
sherry *jerez (m)*
significar: o que isso significa? *¿qué significa esto?*
sim *sí*
simpático *simpático*
simples *sencillo*
sinagoga *sinagoga (f)*
sinal (depósito) *señal (f)*
sino (igreja) *campana (f)*
sinto muito *lo siento*
só *sólo*
sobrancelha *ceja (f)*
sobremesa *postre (m)*
sobrenome *apellido (m)*
sobretudo (em especial) *sobre todo*
sobrinha *sobrina (f)*
sobrinho *sobrino (m)*
soda *soda (f)*
sofá *sofa (m)*
sol *sol (m)*
solteiro/a *soltero/a (m/f)*
solução de limpeza (para lentes de contato) *solución limpiadora (f)*
sombrinha *sombrilla (f)*
somos *somos*
sonífero *somnífero (m)*
sono *sueño (m)*
sopa *sopa (f)*
soropositivo *seropositivo*
sorrir *sonreír*
sorriso *sonrisa (f)*
sorte *suerte (f);* boa sorte! *¡suerte!*
sorvete *helado (m)*
sótão *ático (m)*
sou *soy;* sou de... *soy de...*
sozinho *solo;* eu sozinho *yo solo*
spray *spray (m);* o spray antipulga *el spray antipulgas*
suar *sudar*
suave *blando*
subir (pegar trem, ônibus etc.) *subirse*
suco (m) *zumo;* o suco de frutas *el zumo de frutas*; o suco de laranja *el zumo de naranja*; o suco de tomate *el zumo de tomate*
sufocante *sofocante*
sujo *sucio*
sul *sur (m)*
suor *sudor (m)*
supermercado *supermercado (m)*
suplemento *suplemento (m)*
supositório *supositorio (m)*
surdo *sordo*
suspensórios *tirantes (m pl)*
sutiã *sostén (m)*

T

tabacaria *estanco (m)*
tabaco *tabaco (m)*
taça *taza (f)*
tachinha *chincheta (f)*
talão de cheques *talonario de cheques (m)*
talco *polvos de talco*
talvez *quizás*
também *también*
tampa (pia) *tapón (m)*
tampões *tampones (m pl)*
tão *tan;* tão bom *tan bueno*
tão... como... *como...*
tapeçaria *tapiz (m)*
tapete *alfombra (f)*
tarde *tarde (f, adj);* está ficando tarde *se está haciendo tarde*
tarifa *tarifa (f)*
taxa de câmbio *cambio (m)*
táxi *taxi (m)*
tchau *adios*
tecido *tela (f)*
teclado *teclado (m)*
técnico *técnico (m)*
tela *pantalla (f)*
teleférico *teleférico (m)*
telefonar *llamar por teléfono*
telefone *teléfono (m);* o telefone celular *el teléfono móvil*
televisão *televisión (f);* a televisão a cabo *la television por cable*
telhado *tejado (m)*
tem... *hay...;* tem...? *¿hay...?, ¿tiene...?*
temperatura *temperatura (f)*
tempestade *tormenta (f)*
tempo *tiempo (m)*
tênis (calçado) *los zapatos de deporte*
tênis (jogo) *tenis (m)*
tentar *intentar*
ter *tener;* tenho *tengo;* não tenho *no tengo;* tem? *¿tiene?;* tenho que ir *tengo que irme;* tenho que (preciso)... *tengo que...*
terça-feira *martes*
terceiro *tercero*
terminal *terminal (f)*
terno *traje (m)*
terra *tierra (f)*
terraço *terraza (f)*
tesouras *tijeras (f pl)*
teste *prueba (f)*
testemunha *testigo (m)*
teto *techo (m)*
tia *tía (f)*
tigela *cuenco (m)*
tingir (cabelo) *teñir*
tinta *tinta (f)*
tinto (vinho) *tinto*
tinturaria *tintorería (f)*
tio *tío (m)*
toaletes (em estabelecimento público) *servicios (m pl);* o toalete masculino *los servicios de caballeros;* o toalete feminino *los servicios de señoras*
toalha *toalla (f)*
toalhinhas para bebê *toallitas para bebé (f pl)*
toca-discos *tocadiscos (m)*
tocar *tocar*
todo dia *todos los días*
todos *todos*
tomada *enchufe (m)*
tomar *tomar;* tomar sol *tomar el sol*
tomate *tomate (m)*
tônica *tónica (f)*
torcedor *hincha (m)*
torneira *grifo (m)*
tornozelo *tobillo (m)*
torrada *tostada (f)*
torre *torre (f)*
tosse *tos (f)*
tossir *toser*
toureiro *torero (m)*
touro *toro (m)*
trabalhar *trabajar*
trabalho *trabajo (m)*
tradição *tradición (f)*
tradutor/a *traductor/a (m/f)*
traduzir *traducir*
trailer *caravana (f), roulotte (f)*
tranca (de porta) *picaporte (m)*
tranqüilo *tranquilo*
transferir *transferir*
trânsito *tráfico (m)*
traseiro *trasero (m)*
trator *tractor (m)*
travesseiro *almohada (f)*
trazer *traer*
trem *tren (m)*
três *tres*
treze *trece*
trinta *treinta*
triste *triste*
trocar (de roupa) *cambiarse*
trocar (dinheiro) *cambiar*
tu (você, informal) *tú*
tudo *todo;* isso é tudo *eso es todo;* tudo bem *vale*
túnel *túnel (m)*
turismo *turismo (m)*
turista *turista (m/f)*

U

uísque *whisky (m)*
último *último*
ultrapassar (carro) *adelantar*
um/uma *un/una*
um (número) *uno*
úmido *húmedo*
unha *uña (f)*
único *único*
universidade *universidad (f)*
urgente *urgente*
usar *usar*
uso *uso (m)*
utensílios de cozinha *utensilios de cocina (m pl)*
útil *útil*
uvas *uvas (f pl)*

V

vá embora! *¡váyase!*
vacina *vacuna (f)*
vagão *vagón (m);* o vagão-restaurante *el vagón-restaurante*
vale *valle (m)*
valise *maleta (f), cartera (f)*
valores *números*
válvula *válvula (f)*
vapor (barco) *vapor (m);* no vapor *al vapor*
vários *varios*
vaso *jarrón (m)*
vazio *vacío*
vegetariano/a *vegetariano/a*
veículo *vehículo (m)*
vela (de acender) *vela (f)*
vela (de barco) *vela (f)*
velho *viejo*
velocidade *velocidad (f)*
vendas *ventas (f pl)*
vender *vender*
veneno *veneno (m)*
ventilador *ventilador (m)*
vento *viento (m)*
ver *ver;* não consigo ver *no veo*
verdade *verdad;* é verdade *es verdad;* verdade? *¿verdad?*
verde *verde*
verdura *verdura (f)*
verduraria *verdulería (f)*
vermelho *rojo*
vespa *avispa (f)*
vestido *vestido (m)*
veterinário *veterinario (m)*
vez *vez;* de vez em quando *de vez en cuando;* é a minha vez *me toca a mí*
vezes: às vezes *a veces*

viagem *viaje (m);* a viagem de lua-de-mel *el viaje de novios*
viajar *viajar;* viajar de avião *viajar en avión*
vida *vida (f)*
vídeo (filme) *vídeo (m);* o aparelho de vídeo *el (aparato de) vídeo*
videocâmera (camcorder) *videocámara (f)*
videogames *vídeo-juegos (m pl)*
vidro *cristal (m)*
vigia noturno *vigilante nocturno (m)*
vinagre *vinagre (m)*
vinhateiro *vinatero (m)*
vinho *vino (m)*
vinte *veinte*
violão *guitarra (f)*
violino *violín (m)*
vir *venir;* venha aqui! *¡venga aquí!*
visita *visita (f);* as horas de visita *las horas de visita;* a visita guiada *la visita con guía*
visitante *visitante (m/f)*
visitar *visitar*
visor de imagem *visor de imagen (m)*
vista *vista (f)*
vitaminas *vitaminas (f pl)*
vitela *ternera (f)*
viveiro *vivero (m)*
voar *volar*
vodca *vodka (m)*
voltar *volver;* vamos voltar amanhã *nos volvemos mañana*
vôo *vuelo (m)*
voz *voz (f)*

W, X, Z

website *web site (f), el sitio web*
xadrez *ajedrez (m)*
xale *chal (m)*
xampu *champú (m)*
xarope *jarabe (m)*
xícara *taza (f)*
zíper *cremallera (f)*
zona rural *campo (m)*
zoológico *zoo (m)*

Agradecimentos

A editora Dorling Kindersley gostaria de agradecer às seguintes pessoas e instituições pela ajuda na preparação deste livro: Isa Palacios e Maria Serna pela organização do material fotográfico na Espanha; Restaurante Raymon em Mi Pueblo, Madri; Magnet Showroom, Enfield, Londres; MyHotel, Londres; Peppermint Green Hairdressers, Londres; Coolhurst Tennis Club, Londres; Kathy Gammon; Juliette Meeus e Harry.

Conteúdo de linguagem da Dorling Kindersley por G-AND-W PUBLISHING
Gerência de **Jane Wightwick**
Edição adicional: **Cathy Gaulter-Carter, Teresa Cervera, Leila Gaafar**

Projeto adicional: **Lee Riches, Fehmi Cömert, Sally Geeve**
Editoria adicional: **Paul Docherty, Lynn Bresler**
Pesquisa iconográfica: **Louise Thomas**

Crédito das imagens

Legenda:
t=em cima; b=embaixo; l=esquerda, r=direita; c=centro; A=acima; B=abaixo

pág. 2 **Alamy:** *ImageState / Pictor International; págs. 4/5* **Alamy RF:** *Image Source tl;* **Alamy:***D Hurst bl; Indiapicture bcl; págs. 10/11* **Alamy RF:** *BananaStock cAr;* **Getty:** *Taxi / James Day cBl;* **Ingram Image Library:** *bl; págs. 12/13* **Alamy RF:** *Dynamics Graphics Group / Creatas cBr; John Foxx cAr; RubberBall br;* **DK Images:** *cl;* **Ingram Image Library:** *tl, cr; págs. 14/15* **DK Images:** *tcr;* **Ingram Image Library:** *cl, cBl, cAr, cBr, bcr; págs. 16/17* **Getty:** *Taxi / James Day bcr;* **Ingram Image Library:** *tr; págs. 18/19* **DK Images:** *David Murray tr; págs. 22/23* **DK Images:** *cl, Andy Crawford cAr; Susanna Price br; Magnus Rew tcrB;* **Ingram Image Library:** *tcr; págs. 24/25* **DK Images:** *clA, Dave King tcr; págs. 26/27* **Alamy RF:** *Dynamic Graphics Group / Creatas cl; págs. 28/29* **DK Images:** *John Bulmer tcr; Dave King cr; Matthew Ward bclA;* **Ingram Image Library:** *bcrA, bcr; págs. 30/31* **Alamy RF:** *Comstock Images bcl Think Stock bclA;* **DK Images:** *cl; págs. 34/35* **Ingram Image Library:** *tcr; págs. 36/37* **DK Images:** *bcl, bcr; Magnus Rew cl;* **Ingram Image Library:** *bl; págs. 38/39* **Alamy RF:** *Imageshop / Zefa Visual Media cl;* **Ingram Image Library:** *cr; págs. 40/41* **DK Images:** *Peter Wilson bl;* **Lee Riches:** *cl; págs. 42/43* **Alamy RF:** *Image Source tcr, cAr, cAAr; págs. 44/45* **Alamy:** *Jon Arnold Images br; ImageState / Ethel Davies bl; Vikki Martin cbl; Peter Titmuss bcrr;* **Alamy RF:** *Iain Davidson Photographic bcll; David O'Shea bcr; Cortesia de* **Renault:** *c; págs. 46/47* **Alamy RF:** *Imageshop / Zefa Visual Media br;* **Ingram Image Library:** *cr; Cortesia de* **Renault:** *tcrB;* **Lee Riches:** *bcl; págs. 48/49* **Alamy:** *Balearic Pictures c;* **Alamy RF:** *Brand X Pictures bcl;* **DK Images:** *tcr, bcl; Neil Lukas bcr; John Miller crA;* **Lee Riches:** *cl; págs. 50/51* **Alamy:** *Peter Titmuss cr;* **Lee Riches:** *c; págs. 52/53* **Alamy:** *Jean Dominique Dallet tcr;* **Alamy RF:** *Image Farm Inc cAr; Imageshop - Zefa Visual Media tcrB;* **DK Images:** *cl; págs. 54/55* **Alamy:** *Jackson Smith cBl;* **Alamy RF:** *Brand X Pictures cl; John Foxx c; Image Source cAr; ThinkStock tcr;* **DK Images:** *Andy Crawford bcl; págs. 56/57* **Alamy:** *Balearic Pictures clA;* **Alamy RF:** *Brand X Pictures clAA;* **DK Images:** *cl; Neil Lukas tl; John Miller tcll;* **Lee Riches:** *tcl; Cortesia de* **Renault:** *bc; págs. 58/59* **Alamy:** *Michael Juno tcr;* **Alamy RF:** *Brand X Pictures cBl, cBBl; Ingram Publishing cAAl;* **DK Images:** *cAl; Max Alexander cBr; págs. 60/61* **Alamy:** *Robert Harding Picture Library bcr;* **Alamy RF:** *Image Source cAr;* **DK Images:** *Steve Gorton bl, tcrB; Pia Tryde cAAr;* **Ingram Image Library:** *cr; págs. 62/63* **DK Images:** *Stephen Whitehorn c; págs. 64/65* **Alamy:** *Arcaid bcrA; Mike Kipling c;* **Alamy RF:** *GKPhotography cBr; Goodshoot cAAr; Justin Kase tcrB;* **DK Images:** *Steve Tanner cAr;* **Ingram Image Library:** *tcr; págs. 66/67***Alamy:** *Arcaid tl;* **Alamy RF:** *Ingram Publishing cAr;* **DK Images:** *tr; Stephen Whitehorn bl,* **Ingram Image Library:** *br; págs. 68/69* **Alamy:** *Balearic Pictures cr; directphoto.org cAr; Doug Houghton cl; Indiapicture clB;* **Alamy RF:** *CoverSpot cBl;* **Lee Riches:** *cBr; págs. 72/73* **Alamy RF:** *imagebroker tcrB; Image Source cAr; Comstock Images tcr;* **Avery Weight-Tronix:** *bl; págs. 74/75* **Alamy RF:** *Doug Norman bl;* **Ingram Image Library:** *c; págs. 76/77* **Alamy:** *Balearic Pictures cBl; Indiapicture bl;* **Alamy RF:** *Coverspot clB; págs. 78/79* **Alamy RF:** *Luca DiCecco bcl; Steve Hamblin bcr; págs. 80/81* **Getty:** *Taxi / Rob Melnychuk bc;* **Ingram Image Library:** *cAr;* **Xerox UK Ltd:** *tcr; págs. 82/83* **Alamy:** *wildphotos.com tcr;* **Alamy RF:** *FogStock cAAl; Momentum Creative Group cAl; Shoosh / Up the Res cBl;* **Ingram Image Library:** *cl; págs. 84/85* **Alamy:** *Brand X Pictures cr; f1* **Alamy RF:** *BananaStock bl; Comstock Images c; SuperStock tr;* **Ingram Image Library:** *crB; págs. 86/87* **Alamy RF:** *Luca DiCecco bcl;* **Getty:** *Taxi / Rob Melnychuk tc; págs. 90/91* **Alamy RF:** *Brand X Pictures tcr;* **DK Images:** *cl; David Jordan cAr; Stephen Oliver cr;* **Ingram Image Library:** *cBr; págs. 92/93* **Alamy RF:** *Pixland cr;* **DK Images:** *cl; Guy Ryecart tr; págs. 94/95* **Alamy:** *David Kamm cl; Phototake Inc bcl;* **Alamy RF:** *Comstock Images cr; ImageState Royalty Free bcr;* **DK Images:** *Stephen Oliver tcr; págs. 96/97* **Alamy RF:** *Pixland br;* **DK Images:** *tl;* **Ingram Image Library:** *tr; págs. 98/99* **Alamy:** *Andrew Linscott c; Shotfile cr;* **Alamy RF:** *Bildagentur Franz Waldhaeusl bl; ThinkStock br; págs. 100/101* **DK Images:** *Steve Gorton tcr; págs. 102/103* **Alamy:** *Hortus b; D Hurst tcrB;* **Alamy RF:** *image100 tcr; Barry Mason cAAr;* **Ingram Image Library:** *cAr; págs. 104/105* **DK Images:** *Paul Bricknell cl(6); Jane Burton bcl; Geoff Dann cl(2); Max Gibbs cl(4); Frank Greenaway cl(3); Dave King cl(1), cAr; Tracy Morgan c(5); págs. 106/107* **Alamy:** *Shotfile cr;* **Alamy RF:** *Barry Mason br; págs. 110/111* **Alamy RF:** *Think Stock cr;* **DK Images:** *Andy Crawford cl; págs. 112/113* **Alamy RF:** *Dynamic Graphics Group / Creatas tcr; image100 bl;* **Ingram Image Library:** *cl; bcrA; págs. 114/115* **Alamy:** *John Cole cr;* **Alamy RF:** *Image Source cAr; Index Stock cAl; jackhollingsworth.com tcr; págs. 116/117* **Alamy RF:** *Dynamics Graphics Group / Creatas clA; John Foxx clB; págs. 118/119* **Alamy:** *D Hurst c;* **Alamy RF:** *Pixland tcr; págs. 120/121* **Alamy:** *ImageState / Pictor International cl; Shotfile cBl;* **Alamy RF:** *Sarkis Images tcr;* **DK Images:** *bcl; págs. 122/123* **Alamy RF:** *BananaStock cA;* **Ingram Image Library:** *cl; págs. 124/125* **Alamy:** *ImageState / Pictor International bclA; Shotfile cBl;* **DK Images:** *bcl; Paul Bricknell tc(5); Geoff Dann tc(3); Max Gibbs tc(1); Frank Greenaway tc(2); Dave King tc(4); Tracy Morgan tc(6);* **Ingram Image Library:** *bl; págs. 126/127* **Alamy:** *Jean Dominique Dallet clB;* **Alamy RF:** *Imageshop - Zefa Visual Media blA; Image Farm Inc bl; págs. 128* **DK Images**.

Todas as outras imagens: **Mike Good**.